AF523704

Bibliografische Information der Deutschen Nationalbibliothek
Die Deutsche Nationalbibliothek verzeichnet diese Publikation
in der Deutschen Nationalbibliografie; detaillierte
bibliografische Daten sind im Internet über
http://dnb.ddb.de abrufbar.

Dennis Eick
Das Serienkonzept
Praxis Film, 99
Köln: Herbert von Halem Verlag 2023

Unveränderter Nachdruck 2025

Aus Gründen der besseren Lesbarkeit wird in dem Buch auf
die gleichzeitige Verwendung weiblicher und männlicher
Sprachformen verzichtet. Mit den Personenbezeichnungen
sind stets beide Geschlechter gemeint.

ISBN (Print) 978-3-7445-1943-4
ISBN (PDF) 978-3-7445-1939-7

Herbert von Halem Verlagsgesellschaft mbH & Co. KG
Boisseréestr. 9-11, 50674 Köln
http://www.halem-verlag.de
info@halem-verlag.de

Lektorat: Julian Pitten
Druck: docupoint GmbH, Magdeburg
Satz: Herbert von Halem Verlag
Gestaltung: Claudia Ott Grafischer Entwurf, Düsseldorf

Dennis Eick

Das Serienkonzept

HERBERT VON HALEM VERLAG

Dennis Eick, Dr., ist Drehbuchautor und Dozent für u.a. serielles Schreiben. Er promovierte 2005 über Drehbuchtheorien an der Universität Mainz und hat seitdem mehrere Bücher zu Themen wie z.b. Exposee, Treatment und Konzept, Digitales Erzählen, Programmplanung und Dramaturgie veröffentlicht. Dennis Eick hat diverse Fernsehserien entwickelt und geschrieben und veröffentlicht zudem (unter unterschiedlichen Pseudonymen) Romane.

Inhaltsverzeichnis

Vorwort

Serien sind heutzutage in aller Munde - nur für die Jüngeren unter uns: Früher waren Serien meist schnöde TV-Ware, nichts, über das man auf Partys, in Kantinen, Öffentlichen Verkehrsmitteln und auf dem Schulhof sprach. Oder vielmehr: leise. Denn Serien waren weit davon entfernt, State of the Art zu sein, es handelte sich eher um *guilty pleasures*, vergleichbar mit den Anfängen des Kriminalromans, der zunächst als Schund abgetan wurde. Und jetzt, viele Jahre später, wimmelt es nur so von Kriminalerzählungen, auf dem Buchmarkt macht das Spannungssegment ein Viertel des Belletristik-Umsatz aus. Im TV und Streaming sind Spannungserzählungen mit allen zugehörigen Genres der beliebteste Content. Die meisten Krimiserien sind eher ›Butter-und-Brot-Formate‹ (und immer noch *guilty pleasures*), aber auch unter den *quality series* (diejenigen herausragenden Hochglanzformate, über die alle sprechen) sind einige dem Krimi-Genre zuzuordnen.

Welches Genre auch immer, welche Resonanz, welche Plattform auch immer - in diesem Buch wird es darum gehen, wie man eine Serie schreibt. Und zwar nicht darum, wie man die einzelnen Folgen entwickelt und die Drehbücher schreibt - dies wäre es Projekt, das den Rahmen hier sprengen würde, aber natürlich nicht uninteressant - sondern darum, wie man die Grundidee einer Serie auf den Punkt bringt. Und so formuliert, dass man Geldgeber/Ko-Produzenten/Mitstreiter für das Projekt gewinnt. In dem man ein solides Serienkonzept entwickelt, dass die meisten Fragen beantwortet (aber auch nicht zu viele) und jede Menge Begeisterung weckt.

Das hier vorliegende Buch bietet daher einen Theorie-Teil - der hoffentlich nicht zu theoretisch geworden ist, sondern stets pragmatisch genug bleibt - und versammelt darüber hinaus einige Serienkonzepte von erfolgreichen Formaten, die auf den unterschiedlichsten Sendern und Plattformen liefen und laufen. Selbstverständlich weichen die Konzepte stellenweise von den fertigen Produkten ab - und das ist auch gut so. Denn dazwischen liegt der Entwicklungsprozess - und wenn man im Verlaufe dessen nicht nochmal jeden Stein umdreht und vielleicht besser anordnet, dann hat man etwas falsch gemacht. Aber wie Sie sehen werden, haben die versammelten Konzepte doch schon einiges direkt zu Anfang richtig gemacht.

Und genau das wünsche ich Ihnen auch. Viel Erfolg!

1. Die Serie

Die Serie hat in den letzten Jahren einen Siegeszug vollzogen wie kaum ein anderes fiktionales Genre. Das hat mehrere Gründe, zum einen den veränderten Markt. Die Medienlandschaft hat sich in den vergangenen Jahren komplett verändert. Das liegt vor allem an der Digitalisierung, die dazu geführt hat, dass sich der Fernsehmarkt um ein Vielfaches verbreitert hat, was schließlich zu einer Fragmentarisierung führte: Weil es immer einfach ist, einen Sender zu gründen und man immer weniger Personal, weniger Investment und viel schlankere Strukturen braucht. Einen kleinen Streaming-Kanal kann man mit nur wenigen Mitarbeitern betreiben – schließlich ist man (so wie die meisten Spartenkanäle ausgerichtet sind) nicht darauf angewiesen, Live-Formate zu produzieren oder gar eine Nachrichtenabteilung zu betreiben, was personal- und kostenintensiv ist. Die meisten Spartenkanäle sind allerdings klein und können sich kaum eine eigenproduzierte Serie leisten – das ist immer noch zu teuer.

Streamingdienste wie Netflix, Amazon Prime Video, Joyn, RTLnow, TNT, Disney+, AppleTV usw. allerdings haben mehr Geld zur Verfügung und einen größeren Anspruch: Sie wollen ein großes Publikum binden, sich am Markt gegen die Konkurrenz durchsetzen und sie brauchen dafür: Serien. Denn nur mit einer Serie kann man ein Publikum langfristig binden – im Gegensatz zu einem Hollywood- oder auch Arthouse-Film, der nun eben nach zwei Stunden vorbei ist. Stattdessen will man dem Publikum über einen längeren Zeitraum ein größeres, ein längeres, ein stärker bindendes Vergnügen bieten – und da sich die Serie inhaltlich stark verändert hat (wenn man sie mal mit den braven 1980er-Jahren oder auch den Formaten der 1990er-Jahre vergleicht), kann und will man seinem Publikum ein qualitativ herausragendes, womöglich herausforderndes Erzählen bieten, das es im mainstreamigen Hollywoodkino in den letzten Jahren eher nicht bekommen hat: Die heutigen Serien sind wagemutiger, unkonventioneller, qualitativ besser denn je.

Aber natürlich gibt es auch weiterhin serielle Formate, die unspektakulär und brav ewig gleiche Erzählweisen durchdeklinieren und sich inhaltlich, visuell und im Anspruch kaum verändert haben – und die dennoch ein treues Publikum finden. Denn auch das ist ein Markt, nicht jeder erwartet von einer Serie ein markerschütterndes, bahnbrechendes, die eigenen Sehgewohnheiten hinterfragendes Erlebnis. Manchmal will man einfach nur abschalten und einer Erzählung folgen, von der wir von Minute 1 an wissen, wie sie ausgeht.

Und dennoch: In kaum einem anderen fiktionalen Genre wurde derart experimentiert, konnten wir Verschiebungen in der Figurenführung und der Bedienung der Zuschauererwartungen beobachten, wurden moralische Begriffe wie ›Gut‹ und ›Böse‹ neu ausgehandelt, wurden gesellschaftliche Themen in einer Tiefe behandelt, wie es sonst kaum möglich war. Früher war es undenkbar, dass der Protagonist moralisch fragwürdig oder gar ›böse‹ ist – nicht erst, aber vor allem nach den *Sopranos* war das möglich. Und wurde mit *Breaking Bad* einem breiten Publikum dargeboten, das die Entwicklung Walter Whites vom biederen Lehrer zum Drogenboss vor allem deswegen begeistert mitverfolgte, weil es vorher – handwerklich sehr überzeugend gemacht – Zeuge wurde, wie dieser Protagonist nicht ernst genommen, ignoriert und vor allem zutiefst gedemütigt wurde. Daraus entstand der Wunsch, er möge es allen zeigen. David gegen Goliath (in diesem Fall die Gesellschaft), *as simple as that*. Serien mit ambivalenten Hauptfiguren haben seitdem Konjunktur, zum Beispiel auf Netflix mit *You*, wo wir Zuschauer uns tatsächlich mit einem Stalker identifizieren. Insgesamt sind Figuren vielschichtiger, ambivalenter, unkalkulierbarer, unkonventioneller geworden, sie haben heute mehr Schwächen als je zuvor – und sind uns Zuschauern damit ähnlicher geworden. Weil sie mehrdimensionaler – und damit eben auch glaubwürdiger – sind. Weil sie nicht mehr aus einem Baukasten zu stammen scheinen. Obwohl sie das – gut versteckt – natürlich oft noch tun.

Serien von heute erzählen mitunter quälend langsam oder rasend schnell. Es gibt Annäherungen an Arthouse-Filme oder knallbuntes, opulentes Hollywoodkino (und ein ähnliches Budget). Es wird elliptisch erzählt und man traut dem Publikum mehr zu – im Gegensatz zu früher muss nicht mehr jede Frage beantwortet werden, muss dem Zuschauer nicht jede Minute gesagt werden, wo er sich befindet, muss nicht dauernd eine Orientierung gegeben werden. Interessanterweise war eine konventionelle US-Serie der Auslöser dafür: *Dr. House* brach mit der Konvention, den Zuschauer jederzeit auf Augenhöhe mit dem Protagonisten zu halten, was den Informationsfluss betrifft. Mindestens zehn Prozent der Erzählzeit jeder Episode war der Zuschauer einer Situation ausgesetzt, in der Dr. House und seine Kollegen vor dem Whiteboard das Krankheitsbild des Patienten diskutierten und mit medizinischen Fachbegriffen um sich warfen – und der Zuschauer saß da und verstand nichts (nicht einmal, wenn er ausgebildeter Mediziner war, sofern es nicht gerade sein Fachgebiet war). Folge für Folge konnte der Zuschauer der Handlung stellenweise nicht folgen. Und: Es war ihm egal. Er interessierte sich in diesen Momenten nur für die zwischenmenschlichen Konflikte der Figuren auf dem Schirm.

Ein weiterer Bruch mit den Konventionen war sicherlich *Game of Thrones*, eine Serie, die die Zuschauererwartungen verlässlich erschütterte und damit absolut neu war. Nein, nicht in ihren soap-ähnlichen Strukturen, gewiss nicht. Sondern darin, dass sie sympathische Heldenfiguren wie Eddard Stark, mit einem langfristigen Potenzial aufgebaut, sterben lässt. Ohne Vorwarnung. »What the fuck?« wurde zum überraschten Ausruf der Zuschauer und Fans. Erzählkonventionen wurden hier – durchaus kalkuliert – erschüttert. Und das sorgte für Erstaunen, Frust, Zweifel – und den unbedingten Wunsch, immer weiter schauen zu wollen.

Und gerade, weil sich unter den Serien immer wagemutigere, unkonventionellere Formate entwickelt haben, sind sie Aushängeschilder aller Streamingdienste geworden – die diese Entwicklung natürlich vorangetrieben haben. Denn um neue – in der Anfangsphase jüngere – Zuschauer zu gewinnen (weil diese technikaffiner, agiler, digitaler und damit eher bereit sind, auf neue Plattformen zu wechseln), wurden hier immer ›spitzere‹ Formate entwickelt. Kein Wunder aber, dass das auch die bestehenden Sender herausforderte, das öffentlich-rechtliche Fernsehen wie auch die Privatsender mussten inhaltlich reagieren – ohne ihr bestehendes Publikum vor den Kopf zu stoßen...

Wir könnten weiter und sehr viel ausführlicher in die Geschichte der Serie einsteigen, aber das wäre sicherlich ein ganz anderes Buch. Wir wollen uns stattdessen noch einmal die Gründe in Erinnerung rufen, aus denen Zuschauer serielle Formate ansehen.

Die Einschaltgründe der Zuschauer sind vielschichtig und wechselhaft, sie schließen sich teilweise aus oder laufen parallel. Zum einen ist da die Suche nach ›leichter Kost‹. Wenn wir z.B. Formate wie *Rote Rosen* schauen, dann suchen wir Ablenkung, Zerstreuung und definitiv nichts, das uns aufregt, was uns länger beschäftigt, zum Nachdenken bringt, herausfordert. Wir wollen einfach nur harmlosen Zeitvertreib.

Gleiches gilt für das Gefühl der Sicherheit. Zum Beispiel bei Formaten wie *Um Himmels Willen* suchen wir Zerstreuung und können uns dazu sicher sein, dass wir nichts Verstörendes, an die Grenzen gehendes, Herausforderndes erleben werden, dem wir emotional womöglich nicht gewachsen sind. Man kann das Konzept der Sicherheit allerdings auch anders definieren: In einer Serie wie *Hannibal* können wir uns den abgründigsten, blutigsten, verstörendsten Dingen widmen – ohne dass wir unseren schützenden Sessel/unser Sofa/unser Bett verlassen müssen. Wir sind einerseits geborgen, erleben aber gleichzeitig Aufregendes!

Serien stellen in manchen Fällen eine starke Suggestion der Wirklichkeit dar. Je näher Formate an der Realität sind, desto einfacher fällt es bestimmten Zuschauergruppen, sich mit den Helden zu identifizieren. Diese erhöhte Identifikationsmöglichkeit trägt unter Umständen und bei einigen Zielgruppen zum Erfolg der Serie bei. Aber auch das Gegenteil kann Sinn machen: Flucht aus dem Alltag. Formate wie früher *CSI: Miami*, das extrem hochwertig und ›geleckt‹ aussah, waren dem Alltag der meisten deutschen Fernsehzuschauer völlig fern – und das Format feierte genau deswegen große Erfolge. Die diesbezügliche Faustregel geht ungefähr so: Je schlechter es den Menschen geht, je unsicherer sie sind, desto stärker werden eskapistische Formate wertgeschätzt. Zuschauer schauen dann zum Beispiel hollywoodeske, opulente Formate fern ihrer eigenen Lebenswirklichkeit wie z.B. *Jack Ryan* auf Amazon Prime. Je sicherer sich die Menschen fühlen, desto eher sind sie bereit, sich mit ihrer nahen Umgebung in der Fiktion realistisch (was eben auch bedeutet: kritisch) auseinander zu setzen. *Love* auf Netflix wäre da ein Beispiel, eine Serie, die weitaus realistischer und näher an der Lebenswirklichkeit einer Generation und ihrem ambivalenten Verhältnis zur Beziehungsfähigkeit und Partnersuche ist, als ... hm, *Monaco Franze*.

Apropos Ritualisierung und Kult: Die Zuschauer schauen bestimmte Formate aus Nostalgie. Oder aus Gewohnheit. Oder weil es ›cool‹ ist, weil sie dabei sein wollen. Ein *must see*, mit dem man auf Partys punktet. Sicher, innerhalb bestimmter Zielgruppen und z.B. urbanen Milieus gehörte es zum guten Ton, sich die Quality-Serien aus den USA anzusehen und man musste einfach *True Detective* geschaut haben oder *Fargo* oder was auch immer – aber das ist nichts im Vergleich zu den 1980er-Jahren in Deutschland, wo die halbe Bevölkerung die wöchentliche Episode von *Dallas* schaute und jeder am kommenden Tag auf dem Schulhof, in den öffentlichen Verkehrsmitteln oder in der Kantine diskutierte, was J.R. diesmal wieder fieses angerichtet hatte – so etwas ist heutzutage allerdings kaum noch zu erreichen.

Lebenshilfe ist ein Einschaltimpuls für bestimmte Zuschauer. Diese suchen (und finden) tatsächlich Orientierung in den täglichen Serien, die sie schauen. Hier bekommen sie Rat in Fragen wie: Wie gehe ich mit der ungewollten Schwangerschaft um? An wen kann ich mich wenden, wer hilft und unterstützt mich? Solche Themen werden gerade in Soaps hoch und runter erzählt und von einem Publikum dankbar angenommen. Wir können Lebenshilfe auch weiter fassen: Es gibt eine starke Korrelation zwischen der Verbreitung der einheimischen Telenovelas und dem Bildungsgrad junger Frauen in Brasilien. Denn ein klassisches Erzählmuster der Telenovelas ist das einer jungen Frau, die aus kleinsten Verhältnissen kommt und trotzdem Karriere macht (z.B. als Modedesignerin) und dabei natürlich auch die Liebe findet. Je häufiger und eindrücklicher dieser Lebensweg auf Fernsehkanälen verbreitet wurde, desto größer wurde der Wunsch, so etwas ebenso zu erreichen. Und junge Frauen in abgelegenen, verarmten Regionen des Landes, deren Optionen nach der grundständigen Schulausbildung meist darin bestanden, direkt zu heiraten, Kinder zu bekommen und zu arbeiten, entschieden sich dafür, eine weiterführende Schule zu besuchen.

Neben den genannten Einschaltimpulsen ist einer allerdings am häufigsten: Die Triebbefriedigung. Wenn wir eine Serie schauen, können wir eine Vielzahl von emotionalen Bedürfnissen abdecken, wir können uns gruseln, amüsieren, ängstigen. Wir können Rachegefühle ausleben, Befriedigung durch den Sieg über einen größeren Gegner fühlen, können uns familiär aufgehoben und verbunden, können den Nervenkitzel der Liebe oder einer Actionsequenz erleben. Wir können weinen und lachen. Vielleicht sogar gleichzeitig.

Aber nur dann, wenn die Serie glaubwürdig und mitreißend ist. Anders gesagt: wenn sie inhaltlich und handwerklich überzeugt. Und wie man die Grundidee dessen formuliert und aufs Papier bringt, darum soll es im Folgenden gehen...

2. Präsentation

2.1 Das Serienkonzept

Das Serienkonzept dient dazu, eine Serienidee zu formulieren und zu verkaufen. Punkt. So simpel ist es. Und gleichzeitig so schwer.

Wie man ein Serienkonzept inhaltlich ausgestaltet, also aufbaut, wie man Informationen wie und wann auf den Punkt bringt, wie man den Leser leitet, wie man im Konzept Spannungsbögen gestaltet, damit beschäftigen wir uns in den folgenden Kapiteln. Bevor wir also zum Formulieren kommen, machen wir einen kurzen Schwenk zum Verkaufen.

Man muss sich immer vor Augen führen, dass die Veränderungen des Medienmarktes auch vieles andere beschleunigt haben. Gefühlt zumindest (aber fragen Sie einen der Verantwortlichen selbst, viele werden es bestätigen) haben die Menschen in den relevanten Positionen in den Sendern (womit hier auch immer die Streamer mitgemeint sind) ebenso wie die Producer und Produzenten immer weniger Zeit. Die (digitalen) Schreibtische biegen sich unter eingereichten Stoffen und Ideen, die geprüft werden wollen, gleichzeitig gibt es immer mehr Termine und immer weniger Raum, um sich eingehend mit den Einreichungen zu beschäftigen. Hinzu kommt: Meist handelt es sich ja um Ideen, die gar nicht selbst bestellt wurden. Stoffe, von denen man zu Beginn des Lesens gar nichts weiß, außer den Namen des Autors und die Produktionsfirma (sofern es schon beim Sender gelandet ist). Kurz: Die Redakteure wissen nicht, womit sie sich die nächsten Minuten (oder Stunden) beschäftigen werden.

Wie schön wäre es, wenn man ihnen diese Zeit so angenehm, lustig, so emotional, spannend und dramatisch macht, wie es nur geht?

Das Serienkonzept muss also erstmal eine Hürde nehmen, muss Skepsis beseitigen, muss auf den ersten Blick so packend sein (und das kann der Blick auf einen guten *Titel* sein), dass es den Vorzug gegenüber den anderen zu lesenden Stoffen erhält. Und dann muss der Leser dranbleiben, muss immer weiter gefesselt werden. Seine Neugier muss hochgehalten werden, er muss in die Geschichte hineingezogen werden, muss weiter lesen wollen, weil er wissen will, was mit diesen Figuren, die Sie ihm präsentieren passiert. Weil Sie einen Cliffhanger unten auf die Seite gesetzt haben, der ihn zum Umblättern zwingt. Weil ein Witz so lustig war, dass man mehr davon will. Kurz: Weil Sie den Text so aufgebaut haben, dass der Leser immer weiter lesen will. Absatz für Absatz, Seite für Seite.

Ja, es kann helfen, mit Cliffhangern zu arbeiten. Mit einer Vorausschau. Mit einem Verweis auf das Ende des Konzepts. Aber vielleicht tut es auch eine einfach gut gebaute Struktur. Das bedeutet:

- Sind die Kapitel richtig angeordnet?
- Wann will ich als Leser was erfahren?
- Welche Fragen stelle ich mir als Leser wann?
- Und wann bekomme ich eine Antwort auf meine Frage? (Nun, am besten, bevor ich verärgert bin und mir an den Seitenrand schreibe: »Logisches Loch«...)
- Wie steige ich in die Geschichte/das Konzept am besten ein? (Hier ein genereller Tipp: mit einem erzählerischen Moment, mit einer Szene o.ä. Und nicht mit einer bestimmt historisch gut recherchierten, aber aufgrund der Fülle der Ereignisse womöglich ausufernd langatmigen und detailverliebten Schilderung der damaligen Ereignisse, zu denen ich als Leser zunächst einmal überhaupt keine Bindung habe, weil ich noch keine Figuren kennen gelernt habe und daher mit aller Wahrscheinlichkeit emotional noch gar nicht involviert bin... Oder anders gesagt: Wenn ich so lange Bandwurmsätze wie den vorigen schreibe, steigt mein Leser bestimmt eher aus, als wenn ich ihm einen guten Gag ›serviere‹.)

Also: Der Leser darf sich nicht langweilen! Sie müssen ihn überraschen. Immer wieder.

So banal es klingt: Man kann nur einmal einen ersten Eindruck machen!

Das bedeutet: Das Serienkonzept muss beim ersten Lesen überzeugen. Es ist vergleichbar mit einer Bewerbung. Man bietet eine Stoffidee an, bietet sich als Autor, bietet seine Ideen und Kreativität - und möchte eine Zusage bekommen. Diese Zusage bekommt man nicht durch Verbindungen oder ein gewinnendes Lächeln, sondern ausschließlich durch den Text.

Der Text muss den Leser mitreißen und darf ihm keine unnötigen Hürden aufbürden. Er muss solide gearbeitet und dramaturgisch überzeugend aufgebaut sein. Und dazu gehört auch, dass er keine Fehler enthält. Es sollte eine Selbstverständlichkeit sein, dass ein Konzept, das irgendwo eingereicht wird, zuvor auf Rechtschreibung und Grammatik korrigiert wurde. Sonst wird der Leser aus dem Lesefluss gerissen, der soureväne Eindruck gestört und ...

Ja genau. Rechtschreibfehler reißen einen aus dem Prozess. Verhindern Sie das. Eigentlich das doch nicht zu viel verlangt. Vor allem, wenn Sie ein Autor sind, der sein Handwerkszeug beherrschen sollte. Und das ist nun eben die Sprache.

Gut, nachdem wir uns einig sind, dass wir das Konzept genauso dramaturgisch überzeugend aufbauen, wie später die Serie (dazu im Weiteren mehr) und dass wir versuchen, dem Leser alle Hürden zu nehmen, damit er sich in unsere Serienidee fallen lassen kann und sich mitreißen lässt, hier kurz ein Hinweis, auf welche Aspekte der professionelle Leser ein eingereichtes Serienkonzept abklopft:

- Die USP, also die *unique selling proposition*. Das **Alleinstellungsmerkmal**, das diese Idee von anderen Serien unterscheidet. Zugegeben: Es ist manchmal nur die Zusage eines bestimmten Schauspielers und nicht die Qualität der Idee, die ihr zum Durchbruch verhilft. Aber auch das kann schließlich ein Alleinstellungsmerkmal sein. Und darum geht es schließlich: in dieser komplexen, überladenen Gegenwart mit all ihren Content-Angeboten herauszustechen. Die Konkurrenz um die Aufmerksamkeit des Zuschauers ist eben gigantisch.
- Das **Identifikationspotenzial** des Protagonisten. Kann man die Motivation der Figur nachvollziehen? Wird sich ein Publikum mit dieser Figur und ihrem Ziel identifizieren können? Und welches Publikum wird dies tun? Ist es die Zielgruppe, die ich erreichen möchte?
- Die **Glaubwürdigkeit**. Ist die Grundidee plausibel? Oder wirkt sie auf den ersten Blick schon konstruiert? Selbiges gilt für die weiteren Handlungsschritte, für den Piloten, für die weiteren Episoden...

- Die **Mehrdimensionalität**. Bietet das Serienkonzept in den Figuren, in der Handlung und den behandelten Themen eine Vielzahl von Dimensionen an, oder ist es flach und banal? Derzeit wird mit Mehrdimensionalität auch umschrieben, dass Serienkonzepte so divers wie möglich sein sollen: ethnische, geschlechtliche, kulturelle und auch gesundheitliche Kategorien sollen wo weit es geht berücksichtigt werden. Dies finden wir in der...
- **Figurenkonstellation** wieder. Nicht nur, wie die Figuren rollenmäßig, sondern auch inhaltlich zueinander aufgestellt sind, ist wichtig. Gleiches gilt für die Anzahl der Figuren. Habe ich zu viele Figuren im Konzept? Muss ich gar Entscheidungen treffen, mit wem ich (als Leser und dann auch als Zuschauer) mitgehe?
- Das **Konfliktpotenzial** (der Figurenkonstellation) und die **Fallhöhe**. Ist diese groß genug? Sprich: Hat die Serienidee genug Potenzial, um Zuschauer langfristig zu fesseln? Genau hier verbirgt sich oft ein Problem bei Stoffideen:
- Die **Tragfähigkeit** der Grundidee. Reicht diese für eine Serie? Oder ist es eher eine Mini-Serie? Oder ist es ›nur‹ ein Film? Gerade unerfahrene Autoren schätzen das serielle Potenzial ihrer Ideen oft anders ein als professionelle Leser und Entscheider. Daher kommen wir zur Tragfähigkeit und Fallhöhe später detaillierter zurück.

Weitere grundlegende Elemente bzw. Fragen was das Serienkonzept betrifft:

Die Länge: Ein Serienkonzept ist, in der ersten Entwicklungsstufe, oftmals zwischen 10 und 15 Seiten lang, auch 20 Seiten sind nicht ungewöhnlich. Zu lang darf es nicht sein, man will den ersten Leser nicht überfordern und auf keinen Fall langweilen. Jetzt, zu Beginn des Entwicklungsprozesses, will man vor allem die Idee *verkaufen*. Sobald mal den Auftraggeber an Bord hat, wird man das Konzept gemeinsam weiterentwickeln, also Fragen und Anmerkungen des Redakteurs aufnehmen und berücksichtigen. Je nachdem wie weit der Entscheidungsprozess gediehen ist und welches Gremium eventuell überzeugt werden muss – in späteren Entwicklungsstufen können Serienkonzepte mitunter sehr lang werden. Und eine Serienbibel kann durchaus über hundert Seiten lang werden...

Das Layout: ja, obwohl wir uns auf den Text und Inhalt der Serienidee fokussieren, Layout gibt es und es macht auch Sinn. Denn Stil und Tonalität des Serienformates können durch Bilder/Anmutung unterstützt werden. Eventuell macht es Sinn, eine Mood-Sammlung anzubieten. Oder auch Casting-Ideen einzubinden (bitte im Rahmen und bitte, bitte realistisch bleiben! Nein, Ryan Gosling wird nicht mitspielen. Von solchen Beispielen sollte man absehen. Oder es wenigstens als *Typecast* formulieren. Aber selbst da verrät ein Ryan Gosling einen amateurhaften Ansatz). Natürlich werden Serienkonzepte professionell gelayoutet, bevor sie von Produktionsfirmen an Sender/Streamer gehen. Aber es kann nicht schaden, wenn der Autor ein stimmiges Titelbild wählt, bevor er es an die Produktionsfirma schickt...

Die Präsentation: Früher zu analogen Zeiten wurden Serienkonzepte oftmals aufwändig in extra gebundenen Ledermappen, Filmdosen, Tankkanistern usw. eingereicht. Heutzutage geschieht dies digital. Aber dennoch muss man immer darauf achten, dass das Konzept als PDF keine ausufernde Größe hat, sonst gibt es Probleme beim Verschicken. Und einen Link zu verschicken, unter dem sich der potenzielle Leser das Konzept herunterladen kann, ist mindestens so aufwändig und der Gunst des Lesers abträglich, als würden wir irgendwelche Fheler ins Konzept schreiben. Also nein: keine Links.

2.2 Kurzkonzept / Pitch

Neben dem klassischen Serienkonzept mit einer Länge von 10 bis 15, bzw. 20 Seiten, gibt es auch eine reduziertere Form, mit der man kurz abklopfen möchte, ob die Grundidee einer Serie beispielsweise bei einem Produzenten auf Resonanz stößt. Für die Einreichung bei einem Sender dient dies meist nicht. Da zu viele Fragen offen bleiben, muss man bei diesem Pitch eigentlich direkt ins Gespräch gehen, doch die Strukturen verhindern dies meist. Eine Ausnahme ist, falls der Sender ausdrücklich einen Kurzpitch bestellt, wie das beispielsweise in den letzten Jahren bei RTL mehrfach der Fall gewesen ist. Hier gab es ganz klare Vorgaben, was die Länge betrifft: Eingereicht werden durften maximal neun DIN A4 Seiten. Neben einer groben Erklärung des Konzepts (Formatlänge, Titel, Charakterisierung der Hauptfiguren, Tonalität etc.), musste der Pitch auch einige Dialogszenen enthalten. Dies waren schon sehr genaue Vorgaben und anhand der Menge der Anforderungen war es nicht leicht, all das - vor allem wegen der gewünschten Dialogszenen - auf den wenigen Seiten unterzubringen.

- Ein normales Kurzkonzept oder ein Serienpitch kann nur wenige Seiten umfassen, es muss allerdings folgende Fragen beantworten (genau wie das Standard-Serienkonzept später natürlich auch).
- Welche Figuren stehen im Mittelpunkt? Ein Kurzkonzept sollte auf Nebenfiguren verzichten und nur die allerwichtigsten Figuren darstellen.
- Kann ich eine emotionale Bindung zu ihnen aufbauen? Daher muss die Motivation der Figur und die Dringlichkeit ihres Handelns plausibel dargelegt werden. Nur wenn wir wissen, warum das Ziel einer Figur wichtig ist, kann ich als Leser/Zuschauer auch emotional mitgehen.
- Aus welcher Perspektive wird die Serie erzählt? Ist es womöglich eine ungewöhnliche Perspektive, aus der bislang nie erzählt wurde? Bringt der spezielle Blickwinkel einen Mehrwert?
- Was wünsche ich mir für die Figur? Wenn ich mir nichts für die Figur wünsche, wenn mir ihr Schicksal egal ist, dann habe ich offensichtlich keine emotionale Bindung zu ihr aufgebaut. Und damit ist das Projekt zum Scheitern verurteilt.
- Was interessiert mich an der Figur? Das hat viel damit zu tun, was die Figur tut, um ihr Ziel zu erreichen. Ist das vielleicht ein ungewöhnlicher Akt, also versucht die Figur beispielsweise, eine Frau zu beeindrucken und wird - anstelle von, sagen wir mal, Blumen zu kaufen oder mit einem Sportwagen vorzufahren - deswegen zum Drogendealer (How to sell drugs online, fast)? Oder auch in einem Krimi o.ä.: Sind die Mittel, die die Figur einsetzt, ungewöhnlich? Daraus kann sich eine spannende Fragestellung ergeben, die natürlich auf folgende Frage zurückführt:
- Was ist der zentrale Konflikt? Also: Worum geht es?
- Was steht auf dem Spiel, wenn die Figur ihr Ziel nicht erreicht? Anders gesagt: Ist die Fallhöhe groß genug?
- Und eine nicht minder wichtige Frage, die immer wieder gestellt, in der Entwicklung einer Stoffidee allerdings erfahrungsgemäß immer zu wenig Beachtung findet: Warum jetzt?
- Was ist der Auslöser für die Geschichte, warum passiert das, was passiert genau jetzt? Dies ist, anders formuliert, die Frage nach dem Auslösenden Moment.
- Und weiter gefasst - über den Binnenrahmen der Geschichte hinaus: Warum muss man diese Serie genau jetzt erzählen? Warum passt sie in diese Zeit? Warum muss man sie *jetzt* machen? Nun, das hat immer mit folgender Frage zu tun...

- Was ist das Thema der Serie? Es wäre schön, wenn sich dies zumindest aus der generellen Beschreibung herauslesen ließe.

Das ist natürlich alles Grundkurs Dramaturgie. Und es ist kein Wunder, dass sich der Kurzpitch auf die Figur konzentriert. Denn im Herz, im Kern jeder Serie steht die Figur. Und nicht die Handlung. Beziehungsweise diese nur, soweit sie sich aus dem Wunsch und dem Ziel der Figur ergibt. Und deswegen sollte man mit dieser anfangen.

Wichtig bei einem Pitch: *Keep it short!* Verzichten Sie auf ausführliche *backstories* der Figuren, auf komplizierte Plotwendungen, konzentrieren Sie sich auf das Wesentliche. Machen Sie einen ›elevator pitch‹. Sie müssen die Essenz der Serienidee auf wenige kurze Seiten herunterbrechen. Dazu ist es wichtig, eine Logline zu formulieren...

2.3 Die Logline

Eine Logline bringt die Kernidee eines Films oder einer Serie auf den Punkt. In ein oder zwei Sätzen. Und das ist schwieriger als man denkt. Genauer gesagt: Eine der schwierigsten Übungen. Richtlinien gibt es hier kaum, höchstens Empfehlungen.

Eine gute Logline sollte folgendes enthalten:

- Den Protagonisten
- Das Ziel
- Den Antagonisten oder die antagonistische Kraft, die dem Ziel des Protagonisten entgegensteht

Der Name des Protagonisten kann, muss aber nicht verwendet werden. Wichtiger ist in jedem Fall eine Umschreibung des Charakters. Wir müssen eine Vorstellung bekommen, wer da was will. *Ein Ex-Polizist* zum Beispiel.

Es ist oft möglich, dem Protagonisten mit einem Adjektiv eine weitere Note zu geben: *Ein alkoholabhängiger Ex-Polizist...* Womit vielleicht direkt eine kleine Geschichte im Kopf des Lesers entsteht: Ist er Alkoholiker, weil er gekündigt wurde? Oder war er schon zuvor Alkoholiker und ist deswegen gekündigt worden? Wie dem auch sei – es scheint sich um keinen einfachen Charakter zu handeln und er hat mit Sicherheit Probleme, vielleicht sogar ein Trauma.

Dann versuchen Sie, das Ziel des Protagonisten zu formulieren: *Ein alkoholabhängiger Ex-Polizist sucht seine Tochter...* womit gleichzeitig eine emotionale Verstrickung formuliert wird, ebenso wie eine Dringlichkeit. Denn hey – es geht um seine Tochter! Seine Familie. Nicht um irgendwen. Wir verstehen sofort, dass dies ein persönliches Problem für den Protagonisten ist, das er vehementer verfolgen wird, als früher einen x-beliebigen Fall. Noch sind die Gründe für das Verschwinden unklar, liegt eventuell ein Vater-Tochter-Konflikt vor, war der Kontakt abgebrochen, geht es um eine vorsichtige Annäherung der beiden, oder darum: *Ein alkoholabhängiger Ex-Polizist sucht seine Tochter, die entführt wurde...* Sofort wissen wir: Es geht um ein Verbrechen, das Leben der Tochter steht womöglich auf dem Spiel. Und es wäre möglich, gleichzeitig eine etwaige Mitschuld des Kommissars mit ins Spiel zu bringen, seine Not damit noch größer zu machen: *Ein alkoholabhängiger Ex-Polizist sucht seine Tochter, die von seinem Todfeind entführt wurde, den er unschuldig hinter Gitter gebracht hatte...*

Vielleicht nicht die beste Geschichte der Welt und bestimmt noch nicht optimal formuliert, aber Sie verstehen, was ich meine.

Es ist immer wichtig, den Protagonisten aktiv zu zeigen. Nicht: ›Ihm geschehen Dinge‹, sondern er tut proaktiv etwas dafür, sein Ziel zu erreichen. Falls Ihr Stoff eine Art von Countdown beinhaltet, bitte unbedingt erwähnen.

Manche Stoffe spielen in einer Welt, die sich von unserer unterscheidet, meistens sind dies Near-Future- oder Science-Fiction-Plots. Das bedeutet eine kurze Einführung in der Logline: *Nach dem Zusammenbruch der Europäischen Union...* oder *2034: Die Klimakrise ist auf dem Höhepunkt und hat zum Zusammenbruch mehrerer Staaten geführt. In bürgerkriegsähnlichen Zuständen muss...*

Sie sollten das Ende der Geschichte keinesfalls verraten, selbst wenn es ein brillanter Twist wie bei *The Usual Suspects* ist. Halten Sie die Spannung, die Geschichte muss für sich selbst stehen, ohne die Auflösung zu verraten.

Und vor allem: *Don't tell the story, sell the story.*

Kein Wunder, das eine Logline schwierig zu formulieren ist. Jedes Wort zählt. Eine Logline muss neugierig machen, beschreiben, ergänzen. Und gleichzeitig auch noch verkaufen. An kaum einer anderen Stelle im Konzept wird man Formulierungen austauschen, neu überdenken.

Aber in der Reduktion der Geschichte liegt auch eine große Chance. Manchmal stellt man beim Formulieren der Logline eine bestimmte Gewichtung fest, kann sich das Thema genauer erschließen, findet die wahre Motivation seines Protagonisten heraus. Alles Erkenntnisse, die man in der weiteren Stoffentwicklung nutzen kann.

Aber wie gesagt: Logline ist *trial and error*. Und sehr vom einzelnen Autor und seinem Stil abhängig. Aus den Beispielen aus diesem Buch:

Die Logline zu *Frau Jordan stellt gleich* lautet:

»Die amtliche Serie über Frauen. Und Männer.«

... und ist damit eher das, was man als *tagline* bezeichnet. Diese ist ein Untertitel, also eine Ergänzung zum Formattitel und funktioniert vornehmlich im Zusammenspiel mit diesem. Hier legt sie das Setting fest (das Amt) und beschreibt gleichzeitig einen Grundkonflikt: Den zwischen Männern und Frauen. Denn darum wird es gehen – oder vielmehr um die Probleme, die gerade Männer mit der Gleichstellung von Frauen haben.

Die Logline zu *SOKO Potsdam* wird folgendermaßen formuliert:

»Das ist die SOKO Potsdam: Modern, unprätentiös, extrem nah dran an den Figuren. Ihr Ton, ihre Persönlichkeiten sind es, die die Serie prägen, dann die Fälle.«

Die Logline formuliert eindeutig den Fokus des Formats: Es geht zuerst um die Figuren, dann um die Fälle. Bedeutet: Das Format *SOKO Potsdam* wird persönlicher und emotionaler sein, als vergleichbare Formate.

Die Logline zu *Magda macht das schon!* lautet:

»Osteuropäische ›Pflegekraft‹ mit Doktortitel, goldenem Herzen und geradezu überirdischer Geduld wird zum unverzichtbaren Mittelpunkt einer modern-zerrissenen deutschen Großstadtfamilie – und heilt auch ihre Konflikte.«

Die Logline zu *Wild Republic* lautet:

»Eine Gruppe jugendlicher Straftäter flieht vor dem Staat
... und gründet einen eigenen.«

Die Logline zu *Unter Freunden stirbt man nicht* lautet:

»Damit Hermann den Nobelpreis gewinnen kann, halten seine vier besten Freunde seinen Tod fünf Tage lang geheim – was ihre Freundschaft auf die Probe stellt und sie alle mit ihrer eigenen Lebensbilanz konfrontiert.«

3. Die Figur

Niemand schaut eine Serie wegen der Geschichte. Die Zuschauer schalten ein, weil sie wissen wollen, wie es mit den Figuren weiter geht, die sie ins Herz geschlossen haben. Denn: es sind die Figuren, die sie beschäftigen, nicht die Geschichte.

No one watches their favorite shows for the stories. (...) They watch to see what happens to the characters they love. Because it's the characters you care about, not the stories.

Das Herz einer jeden Serie sind Figuren, die im Konflikt stehen. Denn: Ohne Konflikt keine Geschichte. Dazu später mehr.

Es gibt, ganz verkürzt gesagt:

- Serien mit **einer Hauptfigur** (z.B. *Fleabag, Monk, Dr. House, Hannah Montana, Malcolm mittendrin, The Mentalist, Unbreakable Kimmy Schmidt, Better call Saul, Jack Ryan, The Marvelous Mrs. Maisel* ...))
- Serien mit **mehreren Hauptfiguren** (*Crashing, Gilmore Girls, King of Queens, Prison Break, Das Model und der Schnüffler, Um Himmels Willen, True Detective, Suits, Sherlock, The Americans, This is us, Working Mums, Friends from College, The End of the F***ing World, Life in Pieces* ...)
- **Ensembleserien**, in denen viele Figuren was Fokus und Erzählzeit angeht, gleichwertig behandelt werden, also zum Beispiel Soaps oder auch Serien wie *McLeods Töchter, Brothers and Sisters, Modern Family, Brooklyn Nine-Nine, Shameless, Big little Lies, Friends,* und es gibt
- **Ensembleserien mit zentraler Figur**, also Formate, die ein breites Figurenensemble haben, in denen jedoch eine Figur dominant herausgehoben wird. Telenovelas im Unterschied zur Soap haben eine solch klare Hauptfigur, desweiteren weisen Serien wie *Grey's Anatomy, Crossing Jordan, The Unusuals, Eine schrecklich nette Familie, Desperate Housewives,*

Arrested Development, New Girl, Lovesick, Ozark, Orange Is the New Black und andere eine solche Figurenkonstellation auf.

Egal, ob eine oder mehrere Figuren im Mittelpunkt stehen, auch für Serien gilt die dramatische Grundsituation:

Jemand will etwas unbedingt haben und hat Schwierigkeiten, es zu bekommen. Dieser jemand ist die Hauptfigur. Das, was er oder sie unbedingt haben will, ist das Ziel. Und die Schwierigkeiten, die ihm oder ihr dabei entgegenstehen, sind der Antagonist oder die antagonistische Kraft.

Bei Serien mit mehreren Hauptfiguren muss es entsprechend mehrere einzelne Storylines, mehrere Ziele und entsprechende Schwierigkeiten geben, die den Figuren entgegenstehen. Der Einfachheit halber sprechen wir im Weiteren aber von Serien mit einer Hauptfigur.

Zuschauer bauen eine Verbindung zur Figur auf, nicht zum Plot. Ihre Bindung zur Serie hängt davon ab, ob sie sich mit dem Charakter verbunden fühlen und ob sie seine Motivation nachvollziehen können. Es ist weniger wichtig, was die Figur will, sondern eher, warum sie etwas will. Daher spielt es auch nicht unbedingt eine Rolle, ob die Figur Gutes oder Böses im Schilde führt – wesentlich ist der Grund, warum sie etwas tut.

Und ebenso wichtig ist, dass die Figur etwas tut. Sie muss proaktiv voranschreiten. Passive Figuren oder Figuren, die nur reaktiv sind, langweilen auf die Dauer. Das hat auch etwas mit der Konsumsituation zu tun: Wir Zuschauer sind zum Nichtstun verdammt – aber wir wollen, dass die Figur ihr Ziel erreicht. Weil wir uns mit ihr identifizieren. Weil dadurch ihr Ziel zu unserem Ziel wird. Ihr zuzusehen, wie sie Spielball der Ereignisse wird, wie sie passiv daher getragen wird, verstärkt unser Gefühl, nicht eingreifen zu können. Doch wie schön ist es, wenn eine Figur sich zusammenreißt und etwas besonderes, originelles, wagemutiges macht. Wie beeindruckend ist es, einer Figur zu folgen, die unbarmherzig ihr Ziel verfolgt? Wie sehr bewundern wir ihren Mut, ihre Energie? Und wie sehr lassen wir uns dadurch mitreißen?

Genauso wie die Figur einen Wunsch hat, nämlich, ihr Ziel zu erreichen, wird auch der Zuschauer (unbewusst) einen Wunsch formulieren, was die Figur betrifft: Was wünsche ich mir für die Figur? Das, was Zuschauer und Figur wollen, muss nicht deckungsgleich sein. Oftmals – gerade in tragischen Stoffen – gibt es eine Diskrepanz. Wenn der Zuschauer der Figur nämlich wünscht, sie möge sich endlich ihre Liebe zu einer anderen Figur eingestehen, anstatt nach außen (und innen) auf Abwehr zu gehen.

Aber das ist nicht alles: Die Figur muss uns Zuschauer berühren, sie muss interessant sein. Falls die Hauptfigur zu flach, zu eindimensional, kurz: zu langweilig ist, wird sie uns nicht weiter interessieren. Und dann ist es dem Zuschauer egal, ob die Figur ihr Ziel erreicht oder was sie dafür tut.

Um runde, faszinierende Figuren zu entwickeln, kann man sich den unterschiedlichen Dimensionen der Charakterentwicklung zuwenden:

Zu der physiologischen Dimension gehören alle Eigenschaften, die sich auf der körperlichen Ebene abspielen. Da sind zum Beispiel Geschlecht, Größe, Gewicht oder das Alter. Denn es macht zum Beispiel einen großen Unterschied, ob Ihre Hauptfigur in einem Krimi dreizehn, dreiunddreißig oder dreiundsechzig Jahre alt ist. Jedesmal wird es ein anderes Krimiformat sein. Ein dreizehnjähriger Ermittler wird sich nur mit Verbrechen beschäftigen können, die alterskonform sind und eine entsprechende Fallhöhe haben. Dass der oder die 13jährige in einem Missbrauchsfall, einer Vergewaltigung oder einem Massenmord ermittelt, ist undenkbar. Ein dreiunddreißigjähriger Ermittler kann sich diesen Verbrechen stellen und er oder sie wird zum Beispiel seinen Körper viel stärker einsetzen können, als ein dreiundsechzigjähriger Ermittler (Ja, ich weiß: *R.E.D. - Älter, härter, besser...* Aber das ist auch die Ausnahme). Sprich: Action- und Stuntsequenzen wären hier eher möglich als bei einem alten Ermittler, der die Fälle womöglich eher durch eine geschickte, psychologisch fundierte Befragungstechnik lösen würde. Vom Geschlecht brauchen wir gar nicht zu reden. Das Neue an der RTL-Reihe *Doppelter Einsatz* in den 1990er-Jahren war nur, dass beide Ermittler Frauen waren. Das unterschied dieses Format von den anderen gängigen Formaten zu dieser Zeit. Heutzutage sind wir Gott sei Dank deutlich weiter.

Elemente der physiologischen Dimension spielen natürlich auch in die soziologische Dimension hinein. Dazu zählen u.a. Schichtzugehörigkeit, Ausbildung, Religion, Kleidung, Beziehung, Familie, Stellung in der Gesellschaft, das soziale Umfeld der Figur. Und auch diese Elemente reichen in die psychologische Dimension hinein. Hier geht es um Triebe, Moral, Werte, Ambitionen, Temperament, Süchte, Abneigung, Haltung gegenüber dem Leben, Vorlieben u.a. Zur Erläuterung und als Beispiel: Die Haltung der Figur gegenüber dem Leben hat einen deutlichen Einfluss auf die Art, wie sie Probleme angeht, was ihre Ziele sind, wie sie sich in einzelnen Situationen verhält. Ist die Figur positiv oder negativ orientiert, ist sie ein Skeptiker? Oder ist sie vom Drang getrieben, sich beweisen zu müssen. Was unter Umständen auf ihre familiäre Prägung (also wieder in die soziologische Dimension) zurück geht – gibt es eine Vater- oder Mutter-Figur, die sie vielleicht nie angenommen hatte und an der sie sich immer noch abarbeitet?

All die genannten Elementen können genutzt werden, um Figuren zu bauen, die ungewöhnlich, neu, aber in jedem Fall interessant und bitte mitreißend sind. Zu den Hauptfiguren der Serie sollte man also immer eine *backstory* entwickeln, wobei zu beachten ist, dass dieser *background* im Serienkonzept nur einen bedingt großen Platz einnehmen soll. Denn unser Interesse richtet sich vielmehr darauf, wie diese Figur jetzt handelt. Wir wollen keine ewig ausufernden Beschreibungen lesen, die nur in der Vergangenheit stattgefunden haben.

Nichtsdestotrotz: Die Achillesferse der Figur, ihre *backstory wound*, ihr *tragic flaw* (oder welche Bezeichnung man dem auch immer gibt), sollte unbedingt Erwähnung finden. Denn daraus ergeben sich oft Motivation, Ziel und damit Handeln der Figur. Und es bietet uns Zuschauern die Chance, Mitleid mit der Figur zu empfinden. Und das ist, gemäß Aristoteles, unabdingbar. Zeitgemäß würden wir allerdings umformulieren: Es ist nötig, Empathie der Figur gegenüber zu empfinden. Nicht unbedingt Sympathie.

Grundsätzlich geht man davon aus, dass die Hauptfigur einen universellen Wunsch hat, der das Rückgrat der Serie bildet. Er oder sie wird in jeder Folge (sofern episodal erzählt) immer wieder an seinen Wunsch herangeführt werden, zum Beispiel, dass er Leben retten (jedes *medical*) oder Gerechtigkeit schaffen will (fast jeder Krimi). Sicher, in manchen *medicals* geht es vornehmlich darum, seine Liebe zu finden (*Grey's Anatomy*) und in manchen Krimis steht der Wunsch nach Gerechtigkeit nicht im Vordergrund (*Blacklist* oder *Fargo*, wobei bei letzterer ja schon wieder die Genrefragen zu stellen wäre), aber das sind meist Ausnahmen.

Bei horizontalen Serien bildet der universelle Wunsch erst recht das Backbone des Formates, es ist der rote Faden, der den Zuschauer immer durch die Geschichte führt – egal, in welcher Staffel (obwohl selbstverständlich in späteren Staffeln leichte Veränderungen im universellen Wunsch erfolgen können. *Prison Break* spielte in der ersten Staffel mit dem Wunsch des *Entkommens*. In der zweiten Staffel änderte sich dies in den Wunsch, *frei zu bleiben*. Was, nachdem am Ende der Staffel einer der beiden Protagonisten wieder inhaftiert wird, sich in der dritten Staffel zurück zum Wunsch der ersten Staffel ändert).

Der universelle Wunsch der Figur kann sein:

- Seine Familie durchbringen (*Shameless*)
- Berühmt werden (*Entourage*)
- Macht bekommen (*House of Cards*)
- Endlich echte Liebe bekommen (*Fleabag*)
- Einen Banküberfall erfolgreich begehen (*Hause des Geldes*)
- Die Verwicklung in einen Mord vertuschen (*Flight Attendant*)
- ...

Bei episodalen Serien wird das universelle Streben der Figur (z.B. nach Gerechtigkeit) immer beibehalten, jedoch bekommt die Figur Folge für Folge einen neuen, eigenen Wunsch, der letztlich den Episodenplot bestimmt: Diesmal muss er diesen Mordfall aufklären/diesen Patienten retten/diesen Auftrag durchführen usw.

Wichtig ist: Das Ziel muss der Figur etwas bedeuten. Etwas muss auf dem Spiel stehen, falls sie dieses Ziel nicht erreicht. Und dies Woche für Woche. Daher haben wir in vielen Serien Figuren, die auf eine gewisse Art *getrieben* sind. Weil sie in ihrer Vergangenheit beispielsweise eine große Ungerechtigkeit erfahren mussten – und das Streben nach Gerechtigkeit daher sozusagen in ihrer DNA verwurzelt ist. Oder sie streben nach Anerkennung, nach Liebe – was auch immer Sie ihrer Figur als Trauma in deren Backstory mitgeben wollen. Wenn Sie die Figur also entsprechend so entwerfen, dass ihr das Ziel *immer* wichtig ist, vereinfachen Sie sich die Arbeit.

Darüber hinaus ist jeder Plot gut, der die Figur persönlich involviert. Diesmal ist er oder sie besonders betroffen, weil die Art des Verbrechens beispielsweise eine alte Wunde berührt, o.ä. Und natürlich:

Plots rund um den alten Schulfreund, der jetzt kriminell geworden ist oder die Entführung der Tochter/Schwester/Tante/Ehefrau funktionieren erfahrungsgemäß immer gut, sie sind allerdings nicht ewig wiederholbar.

Generell ist darauf zu achten:

- Das **Ziel** der Figur muss **greifbar/fassbar** sein.
- Ein **aktives** Ziel ist besser als ein **statisches.**
- Ein **positives** Ziel ist besser als ein **negatives.**

Der Unterschied zwischen ›Die Meisterschaft gewinnen‹ und ›ein toller Fußballspieler sein‹ ist, dass das erste Ziel *aktiv* ist. Und zudem ist es *greif-*

bar. Denn wir können uns sofort vorstellen, wie die Hauptfigur am Ende den Meisterpokal in die Höhe hält. Das ist im wahrsten Sinne: greifbar!

Aber im Gegensatz dazu: Wann ist man ein toller Fußballer? Wenn die Oma am Spielfeldrand steht und einen lobt? Wenn es ein Mitspieler tut? Das ist – im Gegensatz zum ersten Beispiel – wenig greifbar. Und eher statisch. Und hat damit einen geringeren Effekt auf den Zuschauer – der sich an den Meisterpokal eher erinnern wird, als an den Lobesspruch.

Und: Etwas ›nicht werden‹ ist schwächer als etwas zu ›erreichen‹. Also ›nicht dick werden‹ ist schwächer als ›abnehmen‹ – weil die Dynamik eine andere ist. Bei zweitem Beispiel können wir sofort Bilder evozieren. Und die Fallhöhe ist gleich eine andere. Daher gibt es auch TV-Shows wie *The Biggest Loser* – und nicht *The Biggest Not-Weight-Gainer*. Na gut, das Beispiel hinkt vielleicht.

Aber zusammenfassend: Wenn eine Hauptfigur im Mittelpunkt einer Serie steht, muss jede Folge:

- einen emotionalen Konflikt für den Protagonisten enthalten
- einen Plot haben, der durch den Protagonisten und dessen Entscheidungen vorangetrieben wird
- ein Problem präsentieren , dass durch den Protagonisten gelöst wird

Auch bei horizontal erzählten Serien macht es Sinn darauf zu achten, dass jede Folge episodische ›Merkmale‹ hat. Das erreicht man zum Beispiel dadurch, dass die Figuren in jeder Folge einen wichtigen Zwischenschritt / einen Erfolg / ein weiteres Tableau o.ä. erreichen. Im Sinne von: Das ist die Folge, in der sie am Ende den Hintermann des Anschlags finden können. Aber sie stellen fest: Auch der handelte nur im Auftrag... und deswegen geht es dann mit (wahrscheinlich) einem Cliffhanger weiter...

In vielen Seriengenres haben wir eine dynamische Entwicklung der Figuren. In bestimmten Genres bleiben die Figuren statisch, in klassischen Sitcoms zum Beispiel. Gleiches gilt für Soaps und Telenovelas, in denen Figuren eher nach Archetypen geschaffen werden und in denen es wichtig ist, dass sich die Zuschauer – egal wie viel und egal über wie viele Staffeln hinweg den Figuren zustößt – immer orientieren können. Das ist immer die Zicke, das ist immer der Schwerenöter (Um ein paar gleichsam veraltete Begriffe zu verwenden). Nur in Ausnahmefällen ändert sich eine Figur in diesen Genres so, dass sie vom Bösewicht zum Guten mutiert. Sie bleibt immer innerhalb der einmal etablierten Grenzen.

Im modernen seriellen Erzählen, das ja weitaus mehr horizontal ist als jemals zuvor und einen größeren Fokus auf die Figurenentwicklung erlaubt, ist dies anders. Heute sind Figuren so ambivalent wie noch nie. Sie haben Tiefe, eine Vielschichtigkeit und dem Zuschauer wird immer mehr zugetraut, sich auf Figuren einzulassen, die sperrig sind, sich verändern, vielleicht nicht auf den ersten Blick greifbar sind. Natürlich sind die Formate der Streamingdienste hier eher gemeint, als das klassische Fernsehen. Obwohl wir auch da diese Strömungen erkennen können.

Bei Konzepten zu horizontalen Serien ist es unabdingbar, darzustellen wie sich der Handlungsbogen der Figur, der *character arc*, entwickelt. In einem Film findet der Großteil der Figurenentwicklung klassischerweise im zweiten Akt statt. In der Serie haben wir dagegen die Möglichkeit, die Figuren über eine viel längere Strecke zu formen, ihr eine größere innere emotionale Dynamik zu geben – und damit eine glaubwürdigere, profundere Charakterwandlung zu erzählen. Allerdings ist das nicht unbedingt einfach – gerade wenn wir ein Serienkonzept schreiben, das ja erst der Ausgangspunkt für die Serie ist. Wichtig ist hier, den Anfangs- und Endpunkt des Charakters zu wissen, wenn man in die ›Entwicklung der Entwicklung‹ geht.

Formal: Das Serienkonzept beinhaltet je nach Größe der Rolle eine mehr oder weniger ausführliche Darstellung der Figuren. Die Hauptfigur bekommt den prominenten Platz, steht also immer an erster Stelle im Konzept und hat – auch formal – das meiste Gewicht. Sprich: Die Hauptfigur bekommt die längste Figurenbeschreibung. Denn vor allem sie muss den Leser des Konzepts überzeugen, sie ist sein Ankerpunkt. Mit dem Protagonisten steht und fällt alles. Die weiteren Figuren werden in der Reihenfolge ihrer Bedeutung nach und nach dargestellt. Selbstverständlich werden nur die durchgehend im Plot auftauchenden Figuren ausführlich beleuchtet. Episodenfiguren werden ausgespart und es empfiehlt sich, unwichtige Nebenfiguren wegzulassen oder allenfalls mit einem einzigen prägnanten Satz zu beschreiben.

Denn: Zu viele Figuren verwirren. Es darf nicht passieren, dass der Leser nach vier Seiten und acht Figurenbeschreibungen, acht Vor- und Nachnamen, den Überblick verliert und am Ende vergisst, wer nochmal die Hauptfigur war. Wir wollen mit dem Serienkonzept den Leser immer bei der Stange halten, es darf nicht sein, dass er unkonzentriert zurückblättern muss, um sich neu zu orientieren.

Für die Darstellung der Figuren kann man unterschiedliche Wege einschlagen (siehe auch die Beispiele *Wild Republic*, *SOKO Potsdam* oder *Hinda-*

fing). In den meisten Fällen empfiehlt es sich nicht, Adjektive aneinander zu reihen - obwohl es auch Konzepte gibt, die die Figuren in einer Art Steckbrief aufführen. Das macht dann Sinn, wenn es Teil des humoristischen Konzepts ist (vgl. *Berlin, Berlin* von David Safier in Eick: *Noch mehr Exposees, Treatments und Konzepte - erfolgreiche Beispiele aus Film und Fernsehen*) oder wenn es sich um eine Serienbibel handelt. Da diese die Grundlage einer langfristigen Serienproduktion ist und die Figuren in ihrer Konstellation über einen langen Zeitraum hinweg funktionieren müssen, ist es wichtig, dass diese archetypengemäß funktionieren und in all ihren Dimensionen dargestellt werden.

Dennoch: Nur mit Schlagwörtern wie ›jung, attraktiv, sportlich und das Studium in Rekordzeit abgeschlossen‹ kann man professionelle Leser nicht begeistern. Figuren müssen nicht *beschrieben*, sondern *erzählt* werden. Das macht den stärksten Eindruck auf den Leser, da er dadurch eine Bindung zu der Figur aufbauen kann. Finden Sie Erzählmomente, also entwickeln Sie kurze Szenen, geben Sie den Figuren womöglich einen kurzen Dialog, der sie und ihre Haltung auf den Punkt bringt. Dadurch ›lebt‹ das Konzept.

Der Name einer Figur trägt auf schnelle Art und Weise zu einer ersten Charakterisierung bei. Wie Eltern ihre Kinder nennen, sagt eben sehr viel über die Herkunft, das soziale Umfeld, die Weltsicht und womöglich auch über die Ambitionen der Eltern aus. Erfahrungsgemäß sollte man eher subtil bleiben, zu sperrige Namen werden als fremd empfunden. Hinzukommt, dass jeder mit einem Namen etwas Bestimmtes verknüpft. »Ich hatte einen Rico in meiner Klasse, der war ein Vollarsch...«

Gerne werden *telling names*, also sprechende Namen verwendet. Ein Name also, der etwas über seinen Träger aussagt. Dies ist oft mehr oder weniger subtil. Beispiele sind: Monk - der ›Mönch‹ in der gleichnamigen Serie, Saul Goodman in *Better Call Saul*, Ned Stark in *Game of Thrones*, Jack Shepherd als der ›Hirte‹ in *Lost*, *Isnogud* (›is no good‹) als durchtriebener Diener im gleichnamigen Comic, Cruella de Vil (›cruel‹: grausam, ›devil‹: Teufel) in *101 Dalmatiner* oder Truman Burbank in der *Truman Show* - schließlich bedeutet dies auch ›true man‹, also echter und wahrer Mensch - was im Kontext der Handlung der Reality Show, in der der Film spielt, eine große Bedeutung hat. Und natürlich: Bart Simpsons Vorname ist ein bewusstes Anagram von ›brat‹ - also freches Blag.

Es sei noch auf einen unbedingten Standard hingewiesen: Figuren werden *immer* bei der ersten Nennung folgendermaßen aufgeführt: Figurenname (Alter) ... So kann sich der Leser schnell orientieren. Und Sie als

Autor ebenfalls. Wenn Sie nämlich feststellen, dass sie viel zu viele Figuren etablieren - weil es nämlich vor fettgedruckten Namen nur so wimmelt. Ebenso können sie hier ablesen, ob sie zu viele Figuren in zu kurzer Zeit einführen. Wenn der Leser innerhalb von drei Sätzen sechs Figuren vorgestellt bekommt, wird er die Orientierung verlieren. Und das wollen Sie nicht. Denn das heißt im Übrigen auch: Sie haben den dramaturgischen Effekt verschenkt, dass Sie den Auftritt ihrer Figuren eindrücklich gestalten. Sprich: Dass Sie diese eventuell direkt in einer Konfliktsituation auftreten lassen - das hat die größte Wirkung auf den Leser.

Machen wir aufgrund der Relevanz des Themas einen kurzen Exkurs zum ...

3.1 Konflikt

Der Konflikt ist der Kern jeder Geschichte. Ohne Konflikt keine Story. Denn ohne Konflikt gibt es kein Problem, dadurch kein Ziel - und damit auch keine Dynamik, die uns mitreißt.

Jede Serie nähert sich dem Konflikt auf unterschiedliche Weise. Manche konzentrieren sich auf den Konflikt:

- zwischen den bestehenden Figuren (vor allem in der Soap und der Sitcom)
- mit dazukommenden Figuren (u.a. Krimi oder Medical, in dem jede Folge aufs Neue ein Mordopfer oder ein Patient und damit der entsprechende Plot etabliert werden. Gleiches gilt für Anwaltsserien o.ä.)
- innerhalb einer Figur (ihre inneren, moralischen und psychologischen Probleme). Dies finden wir naturgemäß in horizontalen Serien, wie z.B. *Fleabag*)
- andere konzentrieren sich auf den Konflikt, der entsteht, wenn sich Figuren zusammentun, um ihr Ziel gemeinsam zu erreichen

Der Grundkonflikt der Serie definiert das Format. Eine Krimiserie kann sich z.B.

- mit Verbrechen auf der Autobahn ...
- mit Leichenfunden auf der Alm/ unter dem Rhododendron / am Rande der idyllischen Heidelandschaft ...

- mit psychologischen Hintergründen von Serienmorden oder
- mit dem Diebstahl des Milchgeldes aus der Klassenkasse

beschäftigen. Es sind alles völlig unterschiedliche Serien, sowohl was die Tonalität als auch die Zielgruppe angeht.

Entscheidend für eine Serie (im Vergleich zu einem Film) ist, dass der Grundkonflikt langfristig tragfähig ist. Sprich: Die Fallhöhe muss groß genug sein. Und muss sich im Falle von episodisch erzählten Serien stets variantenreich wiederholen lassen.

Andi Barker, P.I. war eine amerikanische Serie, in der die Hauptfigur, ein Steuerberater, plötzlich einen Auftrag als Privatdetektiv bekommt. Andi kann sein Glück gar nicht fassen, denn er wollte schon immer Privatdetektiv werden. Vielleicht hat er auch deswegen dieses neue Büro bezogen, dessen Vormieter ein Detektiv war. Und jetzt steht plötzlich eine Femme fatale im Raum und beauftragt ihn, ihren verschwundenen Mann zu suchen. Seine Einwände, dass er nur Steuerberater sei, lässt sie nicht gelten... Gut, kann man machen. Vor allem als Film. In Folge zwei ist es die Detektei-Telefonnummer, die ihm einen Auftrag verschafft, in Folge drei... und so weiter. Das Problem ist: Jede Folge aufs Neue muss ein *springboard* gebildet werden, dass den Helden in den Fall katapultiert, wieder und wieder muss erklärt werden, warum ein Steuerberater einen Kriminalfall löst. Das ist ermüdend, anstrengend - und am Ende zu kompliziert. Die Serie wurde abgesetzt.

Die Fallhöhe der Geschichte ist dann seriell tragfähig, wenn es gelingt, den Grundkonflikt emotional und dramatisch derart aufzuladen, dass er über längere Zeit fesselt. Dies geschieht über die Figuren (und deren Konflikte, sowohl innerer als auch zwischenmenschlicher Art), die Größe des Grundproblems und ebenso über die Art der Erzählweise. Strecken wir die Erzählung mittels Vor- und Rückblenden, gehen wir in die psychologische Tiefe der Figuren, erzählen wir vielleicht aus verschiedenen Perspektiven, können wir aus einer simplen Mördersuche eine mehrteilige Serie machen (z.B. *Manhunt: Unabomber* und *Manhunt: Tödliche Spiele.*) Selbstverständlich muss all dies im Serienkonzept formuliert und in einer Form ausgearbeitet sein, dass der Leser das Potenzial für ein längerfristiges Format erkennen kann.

In den meisten Fällen würde man davon ausgehen, dass der Konflikt rund um eine Erbschaft beispielsweise sich am ehesten in einem Film erzählen lässt. Die dänische Serie *Die Erbschaft* allerdings hat drei Staffeln mit insgesamt 26 Episoden á 55 Minuten und fokussiert sich in ihrer erzählerischen Breite auf die Komplexität und Widersprüchlichkeit menschlicher Charaktere, denen sie mehr Raum gibt, als dass ein Film aufgrund seiner Kürze in der Lage wäre. Auch einen Banküberfall kann man in *Haus des Geldes* strecken (im Gegensatz zum Filmklassiker wie *Hundstage*), indem man den Überfall entsprechend groß in Dramatik, Drastik, Opulenz und den emotionalen Verwicklungen der Figuren macht.

Wenn Sie ins Detail gehen, und im Piloten vielleicht ins Szenische, sollten Sie beachten, dass wir die Konfliktmöglichkeiten maximieren. Dies tun wir, indem wir die Figuren und ihre Haltung möglichst diametral gegenüber aufstellen. Falls zwei Figuren gleich reagieren, minimalisieren wir den Konflikt. Unsere Strategie muss aber eine gegenteilige sein.

Sollten Sie im Konzept eine aussagekräftige Dialogszene schreiben, achten Sie darauf, dass diese den Konflikt entsprechend ausspielt. Das bedeutet, dass Ihre Hauptfigur (und eine Szene im Serienkonzept ohne eine Hauptfigur macht gar keinen Sinn!) auf folgenden Konfliktebenen betroffen ist:

- Innerer Konflikt (innerhalb der Figur. Ihre Angst, ihre Wut, ihr Zögern, ihre Betroffenheit, usw.)
- Zwischenmenschlicher Konflikt (also der, zwischen den Figuren in der konkreten Szene - und nicht auf ein Ereignis rekurrierend, dem wir gar nicht beigewohnt haben)
- Außerpersönlicher Konflikt (der Konflikt zwischen der Figur und der Situation, in der sie sich befindet, also z.B. in Zeitnot, an einem völlig falschen Platz, in einer Umgebung, die sie nicht kennt und deren Gesetze sie nicht beherrscht, usw.)

Nur, wenn alle diese drei Konfliktebenen in der Szene zeitgleich zusammen spielen, wird es eine dramatisch überzeugende Szene werden.

3.2 Die Figurenkonstellation

Die Figurenkonstellation beschreibt das Tableau, auf dem alle Figuren innerhalb der Serie zueinander angeordnet sind. Wie auch im wahren Leben wird das Verhalten der Figuren durch Beziehungen bestimmt und beeinflusst. Manche Beziehungen geht man freiwillig ein, anderen kann man sich nicht entziehen (zum Beispiel der zu seinen Eltern). Beziehungen können positiv oder negativ geartet sein, sie können beflügeln oder behindern, wir sind mit Konkurrenten, Unterstützern, Feinden oder Seelenverwandten konfrontiert.

Wenn wir nun also das Figurentableau entwerfen und neben den Hauptfiguren auch den Antagonisten und schließlich die Nebenfiguren entwerfen, sollte man sich bei jeder Figur fragen:

- Was ist ihr Verhältnis zum Protagonisten?
- Wie stehen sie zu ihm/ihr?
- Was sind die offenen oder unterschwelligen Probleme?

Es gilt: Zu viele Figuren verderben den Brei. Daher muss die Fragestellung weiterhin lauten:

- Welche Figuren brauche ich wirklich, um diese Geschichte zu erzählen?
- Wie stehen sie zueinander? (Abgesehen von ihrem Verhältnis zum Protagonisten)
- Wie sind Sympathien oder Abneigungen verteilt?
- Wie Abhängigkeiten?

Je klarer die Figuren und ihr Verhältnis zueinander definiert sind, desto besser. Der Zuschauer wird schnell ein Gefühl dafür kriegen: Wenn ich jene und jene Figur in einen Raum sperre, passiert genau das....

Falls es sich um eine Ensemble-Serie handelt, die keinen klaren Protagonisten hat, sollte man sich im Klaren darüber sein, wie die Figuren miteinander im Wettbewerb stehen. Welche Dinge handeln sie miteinander aus, was sind die unterschiedlichen Interessen, Strategien, Loyalitäten. In diesem Kontext: Es kann immer interessant sein, wenn Figuren dasselbe Ziel verfolgen, dies aber aus unterschiedlichen Gründen tun. Das erzeugt unweigerlich Konflikt und dies ist schließlich genau das, was wir brauchen.

Insgesamt gilt: Die Grundkonstellation der Figuren sollte in sich logisch sein - nur dann ist sie tragfähig. Nur so entsteht ein eigener Kosmos, den der Zuschauer als solchen erkennt und glaubt. Wenn ich jede Folge aufs Neue erklären muss, warum diese und jene Figuren miteinander das gleiche Ziel verfolgen (weil sich das eben nicht logisch aus der Figurenkonstellation ergibt), wird das schnell ermüdend.

Das bezieht sich sowohl auf die emotionale Kombination der Figuren untereinander als auch auf deren situative Kombination. Wenn wir zum

Beispiel eine Buddy-Komödie erzählen über zwei Freundinnen, die sehr unterschiedlich sind (*2 Broke Girls*) muss uns dennoch klar sein, *was* diese beiden trotz aller Differenzen zu Freundinnen macht: Was geben sie einander, warum mögen sie sich, welche Bedürfnisse erfüllt die jeweils andere Figur? Genau: Das hat ganz oft etwas mit dem *need*, also den Bedürfnissen der Figur zu tun.

Je organischer sich die situative Grundsituation der Serie erzählen lässt, desto besser. Wir wollen nicht in jeder Folge aufs Neue umständlich erklären müssen, warum wer jetzt in welcher Situation ist und darum welches Ziel hat....

Lange ist man davon ausgegangen, dass diese anfangs etablierte Figurenkonstellation unantastbar sein muss. Dass sie bis zum Ende der Serie Bestand haben muss. Aber dann kam - wie oben besprochen - *Game of Thrones* und Figuren, die als Hauptfiguren eingeführt wurden, starben. Es war natürlich nicht das einzige Beispiel dieser Art, aber es ist das erfolgreichste und bekannteste, denn dieses erfolgreiche Spiel mit den Klischees und vor allem den Erwartungen der Zuschauer macht einen gehörigen Reiz von *Game of Thrones* aus.

Allerdings sind die meisten TV-Sender und Streamer deutlich konservativer. Sie wollen keine Veränderung im Figurengefüge. Denn oftmals bildet das die Grundstruktur der Serie. Aus den Dynamiken zwischen den Figuren entwickelt sich die Mechanik der Serie. Z.B. geht es um zwei Menschen, die füreinander bestimmt sind, sich dies aber nicht eingestehen wollen. Das ist das Grundmuster unzähliger Serien, wie z.B. *Wer ist hier der Boss? Die Nanny, Das Model und der Schnüffler* usw. Diese ›unresolved sexual tension‹ erzeugt die Grundspannung des Formates, deswegen sind die Bestrebungen immer, diese Konstellation zu wahren und wenn möglich nicht anzutasten.

Doch in allen oben angesprochenen Serien gab es Änderungen in der Figurenkonstellation: Die Protagonisten fanden schließlich zusammen, was es extrem schwierig machte, den Motor der ›unresolved sexual tension‹ am Laufen zu halten.

Die Gründe für die Änderungen dieser und anderer Figurenkonstellationen sind meist erzwungener Natur:

- Die Geschichte ist ›auserzählt‹ (nach x Staffeln musste man etwas verändern).
- Das Zuschauerinteresse erlahmte.

- Ein Schauspieler wollte die Serie verlassen (u.a. Steve Carell bei *The Office*, Charlie Sheen bei *Two and a Half Men*, David Duchovny bei *Akte X.*).
- Oder man hatte den Zuschauern den dringenden Wunsch erfüllt, dass ihre Helden endlich zusammenkommen. Und hoffte jetzt auf bessere Quoten.

Allerdings wurde damit der Grundkonflikt der Serie ausgehebelt. Es musste ein neuer geschaffen werden. Doch kein neu etablierter Konflikt ist so stark wie der ursprüngliche. Und übrigens konnte auch keine der neuen Figuren/Schauspieler den Vorgänger ersetzen, alle Versuche in dieser Hinsicht sind immer gescheitert.

Bestimmte Genres haben klassische, also immer wiederkehrende Figurenkonstellationen. Bei der Sitcom sind oft sind zwei Muster erkennbar:

- Entweder die Hauptfigur ist ›verrückt‹ und dafür sind alle anderen Figuren ›normal‹... (u.a. *Alf, Stromberg, Parks and Recreation*)
- Oder alle anderen Figuren sind ›verrückt‹ und unsere Hauptfigur ist die einzig ›normale‹... (*Arrested Development, Malcolm mittendrin, Gregs Tagebuch, 30 Rock, Raising Hope, Coupling*)

Davon abgesehen sind Ensemble-Sitcoms meist so aufgestellt, dass die meisten der Figuren relativ ›normal‹ sind und damit als ›einfachere‹ Identifikationsfiguren dienen, weil der Zuschauer sich ihnen schneller nahe fühlen kann, schließlich sind sie ihm ähnlich (*Catastrophe, Life in Pieces*), ein oder zwei Figuren aber als klassische Buffo-Figuren (also als *komische Figuren*) konstruiert sind. Bei *Friends* waren Phoebe und Joey die beiden schrägen Charaktere, bei *How I met your Mother* ist es natürlich Barney Stinson. Das bedeutet natürlich nicht, dass die anderen Figuren nicht lustig sein sollten, im Gegenteil, es handelt sich schließlich um eine Sitcom! Aber im Kreis dieser Figuren stechen die Buffo-Figuren durch ihre Schrägheit, ihre Unangepasstheit, ihre spezielle Sicht auf die Welt heraus. Sie haben eine besondere *comic perspective*. Und daraus erzeugen wir nochmal einen besonderen Witz.

Perspektive ist ein gutes Stichwort. Die meisten Serien beginnen damit, dass die Hauptfigur (so es denn einen einzigen Protagonisten gibt), im Piloten in eine neue Situation gerät: Er oder sie fängt einen neuen Job an, wird versetzt, wird gekündigt und muss sich neu orientieren, wird neu in die Mannschaft aufgenommen, usw. Anders formuliert: Das auslösende Ereignis für die Serie findet im Verlauf des Piloten statt (und bitte relativ zu Beginn, dazu mehr im Kapitel ›Struktur‹), es bringt das Leben des Protagonisten durcheinander. Der Protagonist tritt in eine neue Welt ein, die er nicht kennt. Und er ist - genau wie der Zuschauer zu Beginn der Serie - unwissend, kennt die Regeln, die Gesetze, die Mechanismen nicht. Dadurch, dass der Protagonist sich nun hier zurechtfinden muss, dabei Fragen stellen und Fehler begehen wird, führen wir nicht nur ihn, sondern auch den Zuschauer in die unbekannte Welt ein.

Falls Sie einen solchen Initiationsritus nicht erzählen können, weil der Stoff beispielsweise nicht dazu geeignet ist, sollten Sie darauf achten, dass es eine Figur gibt, die die ›Augen und Ohren‹ des Publikums ist. Jemanden, der sich nicht auskennt, jemanden, der die ›dummen Fragen‹ stellt.

Kommen wir zu den Nebenfiguren. Es gilt: Auch zu viele Nebenfiguren verderben den Brei. Die oben angesprochen Anzahl der Figuren sollte beachtet werden, im Konzept sollte auf die Darstellung zu kleiner Rollen verzichtet werden. Generell sollte man sich im Hinblick auf die Nebenfiguren fragen:

- Wie ›groß‹ sind die Nebenfiguren?
- Wie viel Platz und **Erzählzeit** nehmen sie ein?
- Welche **Funktion** haben die Figuren?

Dramaturgisch gesehen: Sind die Figuren Archetypen wie der...

- **Mentor**, also der Lehrer und Ausbilder des Helden, derjenige, der ihn an der Hand nimmt und leitet. Spannend ist es natürlich, wenn es nicht der klassische weißbärtige Gandalf oder Dumbledore ist, sondern vielleicht sogar eine Verkehrung dessen - Dory in *Findet Nemo* ist ein Beispiel für eine eigentlich unfähige Mentor-Figur.
- **Schatten** ist ein anderer Begriff für den Antagonisten (der eigentlich ja eine Haupt- und keine Nebenfigur ist). Er ist der Widersacher des Protagonisten. In vielen klassischen Erzählungen hat der Schatten unterdrückte Züge des Protagonisten, sie sind sich ähnlicher, als sie denken, nur schließen ihre Ziele sich aus...
- **Schwellenhüter** prüfen, ob die Figur bereit für ihre Reise ist. Und zwar, indem sie ihr Hindernisse in den Weg legen. Solche Figuren sind z.B. Vorgesetzte oder Eltern.
- **Gestaltwandler** sind oft Verbündete des Protagonisten, die sich aber nicht als verlässlich erweisen. Sie sind ambivalent und es dauert eine Weile, bis man ihr wahres Gesicht erkennt.

- **Katalysatorfigur** oder **Herold**. Seine Aufgabe ist es, eine Nachricht zu überbringen, die damit den Stein ins Rollen bringt. Der Katalysator ist der Auslöser für die Geschichte. In einer episodal erzählten Serie ist der Katalysator der neue Patient, der eingeliefert wird oder die neue Leiche, die man am Rand des Baggersees gefunden hat.
- Eine **komische Figur** (manchmal auch **Trickster** genannt) gibt es eigentlich in jedem Figurenensemble, egal wie düster, dramatisch oder spannend eine Serie auch sein mag. Denn es gilt immer noch: In allen fiktionalen Erzählungen versuchen wir, unterschiedliche Tonalitäten darzustellen. Es kann weit entfernt sein von der emotionalen Achterbahn, die das Hollywoodkino deklamiert, sondern vielleicht nur eine leichte Verschiebung in der düsteren Grundstimmung der Serie, aber solche lichten Momente sind wichtig. Denn: Man kann nicht nur durchweinen, sich nicht durchgängig angespannt in die Lehne krallen - man muss dem Zuschauer auch kurz Luft zum Atmen geben. Auch das Gegenteil gilt natürlich: Sitcoms, die nicht nur durchgängig heiter sind, sondern bisweilen einen tragischen Moment haben, sind insgesamt ›runder‹, wirken echter und haben einen stärkeren Effekt auf den Zuschauer.

Es versteht sich von selbst, dass bestimmte Figurenfunktionen auf andere übertragen werden können (dass also der Mentor bisweilen als Katalysator fungiert u.a.) und natürlich kann man die Figurenarchetypen nach C.G. Jung noch weiter ausdifferenzieren (Der Unschuldige, der Weise, der Entdecker, der Rebell, der Zauberer, der Held, der Liebende, der Narr, der Jedermann, der Betreuer, der Herrscher, der Schöpfer), aber dies soll an dieser Stelle genügen.

Welche Nebenfiguren man auch immer entwickelt, für das Serienkonzept (und sowieso inhaltlich gesehen) sollte man sich die Frage stellen: Brauche ich diese Figur wirklich? Brauche ich wirklich *immer* einen Staatsanwalt in meinem Krimi? Oder eine Gerichtsmedizinerin? Muss das tatsächlich eine durchgehende Figur werden? Wäre ein Kriminaltechniker von der Spurensicherung nicht sinnvoller? Oder sollte ich besser ganz auf die Darstellung dieser kleinen Rolle im Serienkonzept verzichten?

Und wenn ich mich für diese Figur entscheide: Was ist das Besondere an ihr? Was ist es, das sie von anderen Staatsanwälten abhebt? Was ist das Ungewöhnliche an ihr - und im besten Fall: Kann ich das in ganz wenigen Sätzen darstellen?

3.3 Zusammenfassung

Eine Figur wird definiert über:

- ihren **Status quo** am Anfang der Serie (Warum ist sie ein gescheiterter Anwalt? Warum ist sie in dieser unglücklichen Ehe? Warum tritt sie diesen neuen Job an? Usw.)
- ihr **Ziel** (In welchem Verhältnis steht es zu ihren Fähigkeiten? Und vor allem: *Was* steht auf dem Spiel, wenn die Figur ihr Ziel nicht erreicht?)
- ihre **Motivation** (aus welchen Gründen genau versucht sie das Ziel zu erreichen? Welche Traumata/backstoywounds/Träume spielen dabei eine Rolle?)
- und die **Art und Weise**, wie sie versucht, ihr Ziel zu erreichen (wie handelt die Figur? Was sagt das über den Charakter aus? Was unterscheidet ihr Handeln von dem anderer Figuren? Was ist das Besondere, das Originelle daran?)

Im Folgenden nun die Serienkonzepte von *Unter Freunden stirbt man nicht* und *SOKO Potsdam*.

Konzeptbeispiel

Unter Freunden stirbt man nicht

Eine Mini-Serie in 4x45 Minuten von Claudius Pläging unter der Regie von Felix Stienz basierend auf der israelischen Erfolgsserie *Stockholm* von Noa Yedlin .

»To die will be an awfully big adventure.« J.M. Barrie, *Peter Pan*

Logline

Damit Hermann den Nobelpreis gewinnen kann, halten seine vier besten Freunde seinen Tod fünf Tage lang geheim – was ihre Freundschaft auf die Probe stellt und sie alle mit ihrer eigenen Lebensbilanz konfrontiert.

Story

Der renommierte Wirtschafswissenschaftler **Hermann Wiegand** (70), Professor an der Universität Bonn, wird eines Morgens von seiner Freundin **Annette** (62) tot in seinem Bett aufgefunden. Völlig überraschend hat offenbar sein Herz versagt. Bestürzt teilt Annette die traurige Nachricht den engsten Freunden mit – neben ihr gehören noch **Joachim** (70), **Ella** (66) und **Friedrich** (68) der langjährig bestehenden Clique an. Wenig später stehen die vier im Schlafzimmer der Bonner Villa und betrauern den Toten, der zweifellos die Lichtgestalt ihrer Gruppe war. Prompt fällt Joachim ein, dass in fünf Tagen der diesjährige Gewinner des Nobelpreises für Wirtschaft bekannt gegeben wird. Für seine bahnbrechenden Forschungen auf dem Gebiet der Wirtschaftspsychologie ist Hermann seit Jahren ein heißer Anwärter auf die Auszeichnung. Nachdem er ein paar Mal leer ausgegangen ist, galt er nun eigentlich mehr denn je als Favorit! Eine Nachricht auf Hermanns Handy scheint Joachims Vermutung zu bestätigen: Dass ihr Freund dieses

Jahr gewinnen sollte, ist offenbar so gut wie sicher. Einziges Problem: Tote bekommen keinen Nobelpreis. Die Freunde schauen nach: Die Regularien besagen eindeutig, dass der Gewinner zum Zeitpunkt der Bekanntgabe am Leben sein muss, am Tag der Preisverleihung jedoch verstorben sein darf. Nur wenige Tage also machen den Unterschied, ob die Freunde einen bald vergessenen Wissenschaftler zu Grabe tragen oder einen Nobelpreisträger, dessen Lebensleistung höchste Anerkennung erfährt und dessen Name für immer in den Geschichtsbüchern steht. Betretenes Schweigen macht sich breit, bis Joachim eine scheinbar absurde Idee äußert: Wie wäre es, wenn sie Hermanns Tod geheim halten – nur diese fünf Tage lang, bis die Auszeichnung der Weltöffentlichkeit mitgeteilt und er für immer unsterblich sein wird? Das kann doch nicht so schwer sein, oder? Einfach Ruhe bewahren, per E-Mail von Hermanns Account ein paar Termine verschieben, das Haus abschirmen und den Toten nicht aus den Augen lassen – wenig Aufwand, große Wirkung, ein letzter großer Dienst an ihrem verstorbenen Freund. Nach kurzem Zögern reift die absurde Idee zu einem kühnen Plan. Die vier schlagen ein – Hermann und seinem Andenken zuliebe. Erste Maßnahme: das Schlafzimmer kühlen und Fenster zu, damit bloß keine Fliegen reinkommen.

Doch schon bald zeigt sich, dass die vier die Aufgabe unterschätzt haben, und es gibt die ersten Probleme: Eine junge Frau klingelt an Hermanns Tür. Als er nicht öffnet, schickt sie ihm das Foto eines positiven Schwangerschaftstests. Kann es sein, dass der ewige Stenz Hermann eine seiner Studentinnen geschwängert hat? Oder wer ist diese Frau? Entgegen aller Absprachen verlässt Annette, die eigentlich den Toten bewachen soll, das Haus, um der mysteriösen Unbekannten zu folgen. Doch das ist erst der Anfang – die fünf Tage haben es in sich: Erst brennt es in Hermanns Haus, dann muss die Leiche versteckt werden, wobei sie aufgrund äußerst unglücklicher Umstände erst überfahren wird und dann wie vom Erdboden verschwindet. Die Freunde wittern eine Erpressung, zerstreiten sich und müssen sich notgedrungen wieder zusammenraufen. Zu guter Letzt ist ihnen sogar die Polizei auf den Fersen und die Nachrichten zeigen Phantombilder von ihnen. Was als scheinbar selbstloser Akt der Freundschaft beginnt, gerät zunehmend außer Kontrolle und wird Schritt für Schritt zu einer immer größeren Katastrophe, in der plötzlich auch völlig andere, ganz und gar nicht selbstlose Interessen eine Rolle spielen.

Gleichzeitig erfahren wir mehr über die Beziehung der Freunde zu dem Toten und untereinander, nach und nach entblättert sich, was die Probleme der einzelnen Figuren sind und welche Sorgen ihnen im Endspurt ihres Lebens ein Klotz am Bein sind.

Jede Folge widmet sich einer anderen Figur der Clique und bringt uns ihre Persönlichkeit und Geschichte näher. Im Angesicht des Todes ihres gemeinsamen Freundes kommen lang gehütete Geheimnisse ans Licht, werden unbequeme Wahrheiten ausgesprochen und die ernüchternde Lebensbilanz zieht sich schon fast von alleine ... Wenn die Kinder sich nicht mehr melden, die Einschläge näherkommen und das Leben auf seinen harten Kern zusammenschrumpft – dann erst zeigt sich, worauf es wirklich ankommt und was wahre Freundschaft bedeutet.

Dabei wird die Generation der 60- bis 70-Jährigen ohne Klischees gezeigt: Sie leben mehr denn je im Hier und Jetzt, stehen mit beiden Beinen im Leben und definieren sich nicht nur über ihr Alter oder ihre Beziehungen zu Jüngeren. Und sie benutzen ein Smartphone wie jeder andere auch – mal abgesehen davon, dass sie die größtmögliche Schrift eingestellt haben...

Figuren

Annette Stockmann (62): Annette besitzt eine kleine Buchhandlung am Rande von Bonn, die mehr schlecht als recht läuft. Ab und zu veranstaltet sie dort besondere Lesungen – irgendwie muss man sich ja von Amazon & Co. abheben. Bei einer solchen kommt es zum Eklat: Annette wird von einem älteren Autor begrapscht, der in der Gegend als ehrenwerter Wohltäter gilt und ein Buch über sein Leben mit Parkinson geschrieben hat, das er bei ihr im Laden vorstellt. Gegen diesen Übergriff wehrt sie sich rabiat – vielleicht etwas zu rabiat. Egal, ob sie im Recht ist oder nicht – sie kommt alles andere als gut rüber. Schon bald bleiben in der Buchhandlung die Kunden aus, andere Autoren sagen ihre Lesungen ab, Annettes Existenz ist bedroht.

Annette ist in ihrem Leben immer irgendwie zu kurz gekommen. Sie war nie verheiratet und hat keine Kinder. Seit sie ihn vor Jahrzehnten kennengelernt hat, war sie in Hermann verliebt. Die beiden hatten ein Verhältnis, für ihn hat sie alles getan – und die wenigen Momente seiner ungeteilten Aufmerksamkeit genügten ihr, um über Hermanns zahlreiche andere Liebschaften hinwegzusehen und ihren Schmerz treuergeben zu erdulden. Sie hat immer darunter gelitten, dass er sich nicht zu ihr bekannt hat. Annette glaubt, dass ihre Freunde von dem Verhältnis mit Hermann nichts wissen – doch da liegt sie falsch. Der Verlust trifft sie am härtesten und bei allem Aktionismus um die Leiche und den möglichen Nobelpreis ermahnt sie die Freunde immer wieder zur Trauer.

Ella Hauk (66): Ehemalige Kinderpsychologin, die sehr froh ist, endlich nicht mehr arbeiten zu müssen – am Ende ihres Berufslebens konnte sie Kinder und die im Laufe der Jahrzehnte immer hysterischer gewordenen Eltern nicht mehr ertragen. Darum drückt sich Ella auch zu gerne davor, auf ihre Enkel aufzupassen. Viel lieber genießt sie ihren zweiten Frühling und die damit verbundenen Freiheiten. Man kann nicht nur auch im Alter noch Sex haben, nein – Ella findet, er ist besser als je zuvor! Und das ist auch ihr bevorzugtes Gesprächsthema. Sie ist unternehmungslustig und macht sich nicht allzu viele Gedanken über die Vergangenheit. Im Gegensatz zu ihren Freunden, denen sie mit ihrer schier unerschöpflichen Lebenslust und fast schon provozierender Unbekümmertheit oft ziemlich auf die Nerven geht: Sex schön und gut, aber muss man ständig darüber reden?

Doch wie sich zeigt, täuscht der Eindruck, dass Ella nur Glück hatte im Leben. Auch sie musste Rückschläge wegstecken und leidet darunter, dass ihr Mann sie kürzlich für eine Jüngere hat sitzen lassen. Doch sie hat beschlossen, nicht in Selbstmitleid zu versinken und das Beste aus jedem Tag zu machen, den sie noch lebt. Hermanns plötzlicher Tod bestätigt sie in dieser Einstellung.

Joachim Grabowski (70): Hermanns bester Freund, schon seit Kindertagen. Als Student ist Joachim eher zufällig der ganz große Wurf gelungen: Er hat einen revolutionären Verschluss für Plastiktüten erfunden, das Patent hat ihn zu einem reichen Mann gemacht. Und zu einem faulen: Seitdem hat Joachim nichts mehr auf die Reihe gekriegt, außer sein Geld zu verjubeln. Das Studium hat er nie beendet, weitere Erfindungen sind gefloppt, einer geregelten Arbeit ist er nie nachgegangen. Auf der Suche nach Erfüllung hat Joachim schließlich begonnen, Gedichte zu schreiben. Als er sich nach Jahren damit aus der Deckung getraut und sie seinen Freunden gezeigt hat, schienen die davon begeistert zu sein. Das wiederum hat Joachim dazu motiviert, einen ganzen Lyrikband zu schreiben und veröffentlichen zu wollen. Das Manuskript hat er Annette gegeben, damit sie es über ihre Kontakte als Buchhändlerin einem Verlag zukommen lässt. Doch statt einem Buchvertrag kam das Manuskript nach Ewigkeiten mit unzähligen kritischen Verlagsanmerkungen zurück. Ein Termin blieb ihm verwehrt, da konnte auch Annette mit ihren Beziehungen nichts machen. Inzwischen hat sich Joachim entschlossen, das Buch im Selbstverlag zu veröffentlichen - mit einem verkaufsfördernden Vorwort des Nobelpreisträgers Hermann Wiegand. Der Druck hätte jeden Moment beginnen können, es fehlte nur noch die Verkündung des Nobelkomitees. Ein Umstand, der bei seinen Freunden die Frage aufwirft, ob Joachim wirklich so selbstlos handelt, wie er anfangs vorgibt.

Joachim ist mit Marita verheiratet, doch die Ehe ist zerrüttet. Sie hält ihn für einen Versager, der nichts auf die Reihe kriegt. Früher war er ein reicher Lebemann mit der Aura des Erfolgs, aber davon ist nicht mehr viel übrig. Joachim hat seinerseits mit zunehmendem Alter immer weniger Lust, sich permanent kritisieren zu lassen und den aus seiner Sicht überzogenen Ansprüchen seiner Frau gerecht werden zu müssen. Also gehen sich die beiden aus dem Weg: Marita ist so gut wie immer auf Reisen, Joachim hat seinen eigenen Freundeskreis, mit dem seine Frau überhaupt nichts anfangen kann - und umgekehrt. Zusammen haben sie zwei erwachsene Töchter, die aufgrund des frühen Reichtums leider verzogen sind.

Friedrich Uhrbach (68): Ebenfalls Wirtschaftswissenschaftler und einst auf Augenhöhe mit Hermann, hat er in den letzten Jahren in jeder Hinsicht den Anschluss verloren: Er ist längst nicht so renommiert wie sein Freund, infolgedessen plagen ihn Selbstzweifel und Minderwertigkeitskomplexe. Die große Trauer um Hermann führt ihm das noch mal schmerzlich vor Augen: Er konnte ihm einfach nicht das Wasser reichen. Der Neid auf Hermann hat ihn im Laufe der Jahre zermürbt und verbittern lassen.

Dass er anders als all seine Freunde eine intakte Ehe führt und zwei wohlgeratene Kinder hat, weiß Friedrich nicht zu schätzen. Stattdessen vergleicht er sich immer mit seinem herausragenden Freund und ist vergeblich auf der Suche nach Bestätigung und Selbstvergewisserung. Ist er einfach nur eine sehr viel schlechtere Ausgabe seines Freundes? Warum fliegen dem die Frauen zu, während er, Friedrich, für die meisten nichts als Luft ist? Diese Fragen zerfressen ihn - und insgeheim hofft er, dass Hermann den Nobelpreis nicht gewinnt. Nicht auch das noch, damit wäre seine Niederlage für immer von allerhöchster Stelle besiegelt. Hin- und hergerissen zwischen freundschaftlicher Loyalität und dem Bedürfnis nach Selbstachtung, sucht Friedrich seinen ganz eigenen Weg im Umgang mit seinem toten Freund.

Hermann Wiegand (70, verstorben): Weltweit renommierter Wirtschaftswissenschaftler an der Universität Bonn, der in den letzten Jahrzehnten mit seinen Publikationen über Wirtschaftspsychologie für Aufsehen gesorgt hat. Schon seit langem wird er als Kandidat für den Nobelpreis gehandelt – und dieses Jahr scheint es endlich so weit zu sein. Käme ihm nur nicht der Tod in die Quere.

Zu Lebzeiten war Hermann ein charismatischer, gebildeter und warmherziger Lebemann, der seine Wirkung auf Frauen für zahlreiche unverbindliche Liebschaften genutzt hat. Er war auch mal verheiratet, aber das ist lange her und war nicht das Richtige für einen Freigeist wie ihn. Eine seiner vielen Partnerinnen war Annette. Für Hermann war das anscheinend nichts Ernstes – aus der Unverbindlichkeit hat er nie einen Hehl gemacht. Und trotzdem hat Annette ihm vielleicht genau das gegeben, was er bei all seinen anderen Abenteuern nicht finden konnte. Hätte er sonst all die Jahre daran festgehalten?

Wir sehen Hermann nicht nur als Leiche, sondern auch zweimal lebendig: in einer vor wenigen Tagen aufgenommenen Videobotschaft zu Joachims 70. Geburtstag und in einem Interview-Ausschnitt, der nach der Verkündung des diesjährigen Nobelpreis-Gewinners gesendet wird. Beide Auftritte verstärken den Eindruck, dass Hermann eine inspirierende und charismatische Persönlichkeit war.

Folgen

1. Annette:

Annette findet ihren Freund, den renommierten Wirtschaftswissenschaftler Hermann Wiegand, tot in seinem Bett. Sie ruft die engsten Freunde zusammen. Hermann hat dieses Jahr beste Chancen auf den Nobelpreis für Wirtschaft – der aber nur an Lebende vergeben wird. Daher hat Joachim eine Idee: Wie wäre es, wenn sie Hermanns Tod fünf Tage lang geheim halten, bis zur Verkündung des Nobelpreises? Nach kurzem Zögern schlagen die Freunde ein und treffen erste Vorkehrungen: Sie kaufen eine Klimaanlage, verschließen die Fenster und stellen Duftkerzen auf.

Annette hat noch ein Problem: Bei einer Lesung in ihrer Buchhandlung ist sie mit einem an Parkinson erkrankten Autor aneinandergeraten, ein Lokalmatador mit bestem Ruf. Sie bezichtigt den Mann, sie »mit seinen zitternden Griffeln« begrapscht zu haben. Dummerweise wurde ihr Wutausbruch gefilmt und läuft nun in den sozialen Medien hoch und runter. Dabei kommt Annette nicht gut weg, schimpft sie doch auf einen scheinbar wehrlosen Greis ein, von dem alle eine hohe Meinung haben. Sie ist gezwungen, sich öffentlich zu erklären. Statt die Sache souverän aus der Welt zu räumen, redet sie sich um Kopf und Kragen. Die Buchhandlung läuft eh schon schlecht, jetzt bleiben die Kunden erst recht aus – und andere Autoren sagen ihre Lesungen ab. Damit ist ihre Existenz bedroht.

An Hermanns Tür klingelt eine junge Frau. Als er nicht öffnet, schickt sie ihm per WhatsApp das Foto eines positiven Schwangerschaftstests. Annette folgt der mysteriösen Fremden. Ella sagt, das sei bestimmt eine Geliebte von Hermann, woraufhin Annette erzählt, dass sie und Hermann heimlich ein Paar waren. Ella tut überrascht, aber tatsächlich war das jedem der Freunde längst klar.

Annette hat einen Banktermin, weil sie mit ihren Kreditraten in Verzug ist. In der Hoffnung auf Nachsicht spricht sie von ihrem Trauerfall. Die Beraterin bringt sie auf die Fährte, dass es vielleicht eine Lebensversicherung gibt, von der sie als Hinterbliebene profitieren könne. Dazu müsste sie mit Hermann natürlich verheiratet gewesen sein – oder zumindest in einem eheähnlichen Verhältnis gelebt haben. Annette wird hellhörig: Was heiße das denn konkret, »eheähnliches Verhältnis«? Die Beraterin spricht von einem gemeinsamen Haushalt, persönlichen Gegenständen und Kleidung, die im Haus des Partners sein müssten – ob das der Fall wäre. Annette nickt – und verliert anschließend keine Zeit: Sie holt säckeweise persönliche Sachen aus ihrer Wohnung, um sie in Hermanns Haus zu räumen. Dabei wird sie von Friedrich ertappt. Der glaubt, sie wolle Klamotten von Hermann in die Altkleidersammlung bringen. Am Container gesteht Annette, dass sie und Hermann ein Paar waren. Sie sei doch noch nicht bereit, sich von den Sachen zu trennen. Friedrich hat vollstes Verständnis. Bei ihrer Rückkehr bemerken sie, dass sie sich ausgeschlossen haben – und von innen ertönt ein Brandmelder. Offenbar hat eine Kerze einen Brand verursacht …

2. Friedrich:

In letzter Sekunde gelingt es Friedrich, ins Haus zu kommen und die Flammen zu löschen. Doch der Frieden hält nicht lange an: Ein Anruf auf Hermanns Handy alarmiert die Freunde: Er hat heute ein wichtiges Treffen mit dem Stifterkreis der Universität. Friedrich gibt sich am Telefon mit verstellter Stimme als erkrankter Hermann aus und bietet der Fakultät an, dass an seiner Stelle ein anderer Professor kommen könne, zum Beispiel

Friedrich Uhrbach – schließlich sei dieser doch auch ein Professor. Dabei muss Friedrich erfahren, dass sein Ansehen deutlich geringer ist als das seines Freundes und hinter seinem Rücken abschätzig über ihn gesprochen wird. Dennoch willigt die Fakultät letztlich ein, Friedrich erscheint als Hermann-Ersatz und hält einen holprigen Vortrag, der seinen Ruf nicht unbedingt verbessert.

Am nächsten Morgen steht Hermanns Schwester auf der Matte, um bei ihm zu übernachten, weil sie einen Termin in der Nähe hat. Die Freunde beschließen kurzerhand, den Kreis der Mitwisser klein zu halten und die Leiche wegzuschaffen. Wie einen Betrunkenen haken sie Hermann unter und tragen ihn – mit Hut und Sonnenbrille – zur Wohnung von Joachim, dessen Frau mal wieder auf Reisen ist. Dummerweise entgleitet ihnen Hermann auf dem Bürgersteig, er rutscht zu Boden, wo er prompt durch einen schrecklichen Zufall von einem Radfahrer überfahren wird. Der Mann mit Migrationshintergrund ist untröstlich und glaubt, Hermann totgefahren zu haben. Nur mit großer Mühe können die Freunde ihn abwimmeln. Und schlimmer noch: Hermann sieht nun ganz und gar nicht mehr so aus, als sei er friedlich im Schlaf gestorben. Es hilft alles nichts, die Freunde müssen einen häuslichen Unfall vortäuschen, durch den Hermann angeblich gestorben ist und der seine Wunden erklärt. Sie entscheiden sich für einen Treppensturz. Ella geht das alles deutlich zu weit – sie will mit dem ganzen Wahnsinn nichts mehr zu tun haben und verlässt wutentbrannt Joachims Haus.

3. Joachim:

Unter dem Vorwand, ein Treffen mit einem interessierten Verleger zu haben, lockt seine Frau Marita Joachim nach Köln. Auf der Fahrt dorthin nimmt er einen Anhalter mit, der ihm prompt das Auto klaut. Als Joachim endlich ankommt, wartet dort zu seiner Enttäuschung kein Verleger, sondern eine Überraschungsparty zu seinem 70. Geburtstag. All seine Verwandten sind da – und ein paar Leute, die Marita für Joachims Freunde hält. Gequält fügt sich Joachim seinem Schicksal. Als plötzlich eine Video-Botschaft von Hermann gezeigt wird, trifft Joachim die volle Wucht der Trauer um seinen Freund – doch vor der Partygesellschaft darf er sich nichts anmerken lassen.

Joachim lässt die Frage nicht los, warum er bei den Gesprächen mit dem Verlag nicht weiterkommt. Wie sich später herausstellt, hat der Verleger noch nie etwas von seinen Gedichten gehört – geschweige denn sie gelesen. Annette hat ihn angelogen und sein Manuskript gar nicht weitergegeben. Die Anmerkungen darin stammen von ihr selbst. Joachim kann sich das nicht erklären: Warum nur tut ihm seine Freundin das an, weshalb diese Unaufrichtigkeit? Ist es Neid? Schließlich erfährt er die schmerzliche Wahrheit: Annette hält Joachim für talentfrei und seine Gedichte für ganz großen Mist. Und mit dieser Meinung steht sie nicht alleine da: All seine Freunde sehen das genauso, und sie haben es nicht übers Herz gebracht, ihm die Wahrheit zu sagen. Fragt sich, ob die Freunde ihm damit wirklich einen Gefallen getan haben.

Da Joachims Frau gar nicht weit verreist ist, sondern nur diese dämliche Party organisiert hat, wird sie am Abend mit ihm nach Hause fahren wollen - in das Haus, wo der angeblich gestürzte Hermann am Fuße der Treppe liegt. Hektisch dirigiert Joachim seine Freunde telefonisch, die Leiche zu verstecken. Unterdessen tut er alles, um die Rückfahrt hinauszuzögern. Darüber kommt es zum Streit mit seiner Frau, der derart eskaliert, dass sie ihn nur noch zu Hause absetzt und zu ihrer Schwester fährt. Im Haus trifft Joachim auf seine konsternierten Freunde: Sie wollten die Leiche wegschaffen, aber ... sie ist schon weg!

4. Ella:

Ella muss auf ihre Enkel aufpassen - nichts hasst sie mehr. Dabei liest sie in der Zeitung, dass sich der Radfahrer der Polizei gestellt hat und felsenfest davon überzeugt ist, Zeuge eines Kapitalverbrechens geworden zu sein. Er liefert eine sehr genaue Beschreibung der Freunde, die vier Phantombilder zeigen ganz klar Annette, Joachim, Ella und Friedrich. Die Fahndung läuft. Damit ist es nur noch eine Frage der Zeit, bis ihnen die Polizei auf die Schliche kommt. Ella kehrt zu den anderen zurück, um sie zu warnen. Die würden das Spiel liebend gerne beenden - wenn sie nur wüssten, wo die Leiche ist!

Die Freunde durchsuchen das Haus und machen sich auf den Weg zu Joachims Putzfrau - in dem Glauben, sie habe die Leiche versteckt und wolle sie erpressen. Ein Missverständnis, wie sich herausstellt: Die Putzfrau hat Hermann in einen Liegestuhl verfrachtet und im Schweiße ihres Angesichts zu seinem Indoor-Pool geschoben. Schließlich wollte sie den Boden wischen - und da war Hermann einfach im Weg. Erleichtert kehren sie zu Joachims Haus zurück. Unterwegs fragt Annette die Freunde, ob sie unter Umständen der Versicherung gegenüber bestätigen würden, dass sie und Hermann in eheähnlichen Verhältnissen gelebt hätten. Die Freunde willigen ein und bieten ihr finanzielle Hilfe zur Rettung der Buchhandlung und ihrer Existenz an, wenn die Versicherung nicht zahle. Zusammen ärgern sie sich über Hermanns Unverbindlichkeit Annette gegenüber – bei allem Guten, das man über ihn sagen könne, sei genau das eben auch typisch für ihn gewesen.

Vor Hermanns Haus sehen sie die schwangere Frau wieder, die in der ersten Folge geklingelt hat. Wie sich herausstellt, handelt es sich dabei nicht um eine Liebschaft von Hermann, sondern um die neue Freundin von Ellas Ex-Mann, die ein Kind von ihm erwartet. Zu dritt wollten sie eine vegane Eisdiele eröffnen. In dem Moment rückt die Polizei an und identifiziert die vier als diejenigen, nach denen gefahndet wird. Auf dem Revier erzählen sie die ganze Geschichte mit ihren haarsträubenden Einzelheiten. Die Polizisten sind von der ungewöhnlichen Truppe eher amüsiert und lassen Milde walten. Ein Nobelpreis, das ist schon was Besonderes. Just in dem Moment wird der diesjährige Gewinner des Nobelpreises für Wirtschaft bekanntgegeben. Es ist ... ein Chinese. Hermann geht leer aus. Die Freunde sind am Boden zerstört: Scheinbar war alles umsonst. Doch kurz darauf strahlt der Fernsehsender ein Interview aus, das Hermann vor einiger Zeit gegeben hat. Darin erklärt er, wie wenig ihm an Preisen liegt und worauf es im Leben seiner Meinung nach wirklich ankommt: Freundschaft und die Zeit, die man gemeinsam mit seinen Liebsten verbringen darf. Da müssen die Freunde erkennen, dass doch nicht alles umsonst war und sie im Leben etwas sehr viel Wertvolleres als den Nobelpreis haben.

Der Autor: Claudius Pläging begann seine Karriere als Redakteur beim ZDF, bevor er knapp 14 Jahre lang als leitender Autor bei *TV total* und *Schlag den Raab* tätig war. Er schreibt Romane, Drehbücher, Sketche und Gags für verschiedene TV-Formate und Größen wie Bastian Pastewka, Anke Engelke, Carolin Kebekus und Olli Dittrich. Für seine Arbeit wurde er mehrfach mit dem Deutschen Comedypreis ausgezeichnet und für den Grimme-Preis nominiert. Claudius lebt mit seiner Familie in Köln.

Regie: Felix Stienz. Mit seinem Spielfilmdebüt *Puppe, Icke und der Dicke* war Felix Stienz in der Vorauswahl für den Deutschen Filmpreis, erhielt eine Nominierung für den FIRST STEPS Award 2012 und gewann den Max Ophüls Publikumspreis 2012. Über seine Projekte für die btf kam Felix zu *Kroymann*, für dessen Regie er mehrere Grimme-Preise und zuletzt den deutschen Fernsehpreis gewann. Darüber hinaus wurde er für seine Arbeit mehrfach für den deutschen Comedypreis sowie den Rose D'Or Award nominiert.

Keshet Tresor Fiction ist der globale Vertriebs- und Produktionsarm der israelischen Keshet Media Group. Dazu gehören unter der Leitung von CEO Alon Shtruzman lokale Produktionsstandorte weltweit (Keshet UK, Keshet Studios in den USA, Keshet Asia und Keshet Tresor Fiction in Deutschland) sowie Keshet Digital Studios, Keshet Films und Keshet International Gaming. Der Formatkatalog von Keshet International umfasst sämtliche Genres: von Drama und Comedy über Spiele- und Talentshows bis hin zu Dokumentationen, klassischem Factual Entertainment und Programm für Kinder.

Zu den Highlights gehören Formate, wie *Prisoners of War*, das die Vorlage für den weltweiten und preisgekrönten Erfolgshit *Homeland* lieferte, die Buddy-Komödie *Traffic Light*, die ebenfalls mit dem internationalen Emmy ausgezeichnet wurde, der fesselnde Spionagethriller *False Flag* oder die international erfolgreiche Familienserie *The A Word*.

Statement

Christina Christ (Director Fiction / Produzentin) /
Tina Hechinger (Ausführende Produzentin)

Als wir noch vor der eigentlichen Gründung der deutschen Keshet-Dependance 2018 die vielfach preisgekrönte israelische Erfolgs-Miniserie *Stockholm* sahen, wussten wir sofort, dass wir es hier mit einem absoluten Keshet-Highlight zu tun haben, das seinen Weg zum deutschen Publikum auf jeden Fall finden musste. Gute zwei Jahre später war *Unter Freunden stirbt man nicht* geboren und feierte bei TVnow kurz vor Weihnachten 2020 seine Premiere. Eine Bescherung sondergleichen, wir hätten nicht glücklicher sein können.

Was uns an *Stockholm* vor allem begeisterte, war die skurrile Prämisse, die ›Freundschaft‹ in all ihren Facetten in den Fokus rückt, woraus sich eine Emotionalität entwickeln lässt, an die ein wirklich jeder andocken kann.

So erzählen wir auch in *Unter Freunden stirbt man nicht* von einer Freundesclique im besten Alter. Es ist die Generation unserer eigenen Eltern, Männer und Frauen zwischen 60 und 70 Jahren, mit Smartphones und aktiven Social Media-Accounts, die in der Auseinandersetzung mit dem Tod ihre Prioritäten noch einmal neu verteilen. Unsere vier Protagonisten sind voller Elan und wissen die Kinder aus dem Haus. Primär Großeltern sein wollen sie aber nicht, dafür sind sie noch viel zu umtriebig. Mittels der Lebenswelten von Annette, Friedrich, Ella, Joachim und Leichnam Hermann bespielen wir universelle Themen im gegenseitigen Miteinander wie Liebe und Verlust, Wahrheit, Vergebung oder Reue.

Mit der Entscheidung, Hermann ›am Leben‹ zu halten, um ihm die Chance auf den Nobelpreis zu wahren, zollen die vier ›Best Ager‹ ihrem verstorbenen besten Freund Tribut, wobei die Beweggründe ihres Freundschaftsdienstes nicht immer selbstlos bleiben. Schon bald entstehen emotionale Irrungen und Wirrungen, welche die vier auf ihr (gemeinsames) Leben zurückblicken lassen: Es treten Lebenslügen und Geheimnisse zu Tage und eine jahrzehntelange Freundschaft wird vor ihre bisher größte Zerreißprobe gestellt.

Als wir mit der Arbeit an einer Adaption von *Stockholm* für unseren Markt begannen, war es uns ein zentrales Anliegen mit herausragenden Kreativen und einem entsprechenden Ensemble ein Format zu kreieren, das für die besondere Qualität der deutschen Keshet-Dependance stehen sollte. Gemeinsame Zielvorstellung war ein zeitloses Storytelling, das über sämtliche Altersgrenzen hinweg funktioniert, ohne dabei konventionell zu sein. Dies gelang uns mit einer dezidierten Vision für *Unter Freunden stirbt man nicht*:

Während wir uns hierbei in weiten Teilen an die zugrundeliegende Plotstruktur und Dramaturgie des Originalformats anlehnten, da beides für uns schon sehr gut funktionierte, hauchte Claudius Pläging dem Projekt erst Leben ein – dies zunächst auf Konzeptbasis, mit intelligenten und äußerst pointierten Dialogen und einem vielschichtigen und exzellent herausgearbeiteten Figurenensemble. Claudius schrieb später Drehbücher, die nicht nur unmittelbar überzeugten, sondern sich qualitativ auf einem extrem hohen Level bewegten: Klug, tief emotional und trotzdem schreiend komisch. Nach nur wenigen Fassungen waren die Bücher drehreif. Ein definitiver Vorteil der Adaption: der Vorsprung, nicht bei einem ›weißen Blatt Papier‹ starten zu müssen, sondern sich diverser Elemente, besonders struktureller, frei bedienen zu können und dabei umso mehr Zeit und Intensität in unverwechselbare Charaktere und Dialoge, die unseren hiesigen Lebensrealitäten entspringen, zu stecken.

Für Regisseur Felix Stienz war in der Umsetzung die komödiantische Tonalität dieser schwarzhumorigen Mini-Serie besonders wichtig. Gleichzeitig legte er ausdrücklich Wert auf einen stets respektvollen Umgang mit dem toten Hermann und der emotionalen Tiefe in der Auseinandersetzung der vier Freunde mit dem Tod und ihrer gemeinsamen Geschichte – ein signifikanter Punkt, in dem sich *Unter Freunden stirbt man nicht* deutlich von seiner israelischen Vorlage unterscheidet und darüber hinausreicht.

Nicht zuletzt haben TVnow und VOX, vertreten durch Hauke Bartel, Frauke Neeb und Thomas Disch, als vertrauensvolle und ambitionierte Senderpartner unsere Vision von *Unter Freunden stirbt man nicht* schnell geteilt und zu jeder Zeit gestützt - eine inhaltlich mehr als reibungslose Zusammenarbeit durch die leidenschaftlichen Beiträge aller Beteiligten, aber auch dank eines bereits bestehenden und erfolgreichen Formates aus Israel. Einem Land, dessen einzigartiges Storytelling, das stets von den Figuren heraus gedacht ist, inzwischen weltbekannt ist, mit progressiven Themen am Zahn der Zeit, was den aktuellen Trend der Adaptionen womöglich erst mit befeuert hat.

Konzeptbeispiel

SOKO Potsdam

Autoren: Richard Kropf, Bob Konrad & Hanno Hackfort
Produktionsfirma: Bantry Bay

Das ist die SOKO Potsdam:
Modern, unprätentiös, extrem nah dran an den Figuren. Ihr Ton, ihre Persönlichkeiten sind es, die die Serie prägen, dann die Fälle.

Im Zentrum der Serie stehen die beiden jungen Ermittlerinnen **Luna** und **Sophie**. Flankiert werden sie von Chef **Henschel** und den Kollegen **David** und **Christoph**, sowie dem Rechtsmediziner **Werner**. Wir erleben eine Gruppe, die sich dadurch auszeichnet, befreundet zu sein und es daher jeden Tag aufs Neue liebt, zur Arbeit zu gehen. Der Umgang miteinander ist daher nicht kühl, sondern – wie die Stadt Potsdam selbst – warmherzig und ehrlich, was nicht bedeutet, dass es nicht auch knallt. Denn wem sagt man die Wahrheit so offen ins Gesicht, wie einem Freund?

Wir wollen dem Zuschauer das unbedingte Gefühl vermitteln: »In der Truppe wäre ich auch gern dabei!«

Luna Kunath (32; gespielt von Caroline Erikson): Luna ist sehr intelligent und weiß das auch. Das ist, so zumindest Sophies Theorie, auch der Hauptgrund, warum sie keinen Mann für eine wirklich tragfähige Beziehung findet. Er muss ihr irgendwie das Wasser reichen können und sie »unterhalten, aber nicht so auf die Mario-Barth-mäßige Art«, sagt Luna, und solche Männer sind eben rar, vor allem da jenseits der 30 schon sehr viel abgegrast ist. Momentan ist da der schöne **Lars** (27) an ihrer Seite, seit drei Monaten jetzt, aber Lars ist Modefotograf und das beschreibt das Problem eigentlich schon ganz gut.

Luna wohnt seit ihrer Kindheit in Kreuzberg am Lausitzer Platz und hat sich geschworen, niemals da wegzuziehen, selbst wenn die Rollkoffer-Berliner und die Touri-Hipster ihr das Leben dort inzwischen nicht mehr so einfach machen. Das ist ihr Berlin, sie war hier zuerst. Aber dieses Berlin hätte sie beinahe verschlungen. Noch während der Schulzeit, aber besonders nach Sophies Wegzug nach Potsdam, geriet Luna mehr und mehr in Kreise, die ihr nicht so gut taten. Die Nächte wurden länger und zu Tagen, die Clubs zu ihrem zweiten Zuhause. Nirgendwo ist es so einfach sich zu verlieren wie in Berlin, stellte auch Luna fest, nirgendwo kann man mit so wenig auskommen wie hier. Luna stand kurz davor, ihre Perspektive zu verlieren – bis Sophie dieser Entwicklung nicht mehr zusehen konnte. Sie überredete sie schließlich, die Polizeischule in Brandenburg zu besuchen, die Sophie zu diesem Zeitpunkt schon fast abgeschlossen hatte; Sophie war Lunas Rettung.

Luna ist stark, durchsetzungsfähig, lustig, empathisch, sportlich, sie redet kein breites Berlinerisch, aber »ich hab die Berliner Schnauze im Herzen«. Und sie ist eben: schnell im Kopf. Sie ist eine hervorragende Polizistin, aber ihre Unbekümmertheit geht auch immer mit ein bisschen Naivität einher, die einfach ihrer noch nicht allzu großen Erfahrung geschuldet ist. Das bringt sie immer wieder in brenzlige Situationen.

Luna fährt einen alten, vollgemüllten Fiat Punto, den sie von ihrer Oma geerbt hat.

Sophie Pohlmann (32): Gespielt von Katrin Jaehne): Sophie ist zwar, wie Luna, 32, aber sie wirkt älter als ihre beste Freundin. Die ersten Jahre ihres Lebens ist sie in Zehlendorf aufgewachsen, dann trennten sich die Eltern, die Mutter zog mit der Tochter nach Kreuzberg, da war das Leben billiger. Sophie passte eigentlich nicht hin und sie hätte die Schule nie durchgehalten, wenn Luna nicht gewesen wäre. Sie ist sehr direkt, wie Luna, aber ein wenig zurückhaltender in ihrer Art. Sie war trotzdem mehrere Jahre lang Klassensprecherin, weil sie immer darauf bedacht ist, dass es allen gut geht. Sie hat ein großes Gerechtigkeitsempfinden und hat es gern ein wenig ruhiger.

Deswegen war es absehbar, dass sie nach der Schule wieder aus dem Trubel wegziehen würden – nur eben ein bisschen weiter als Zehlendorf, bis nach Potsdam. Sie sagt, sie habe ihren Mann, **Robert**, natürlich nicht ausgesucht, weil er in Potsdam lebt, aber ein Nachteil war es eben auch nicht.

Robert ist »ein Softwareheini« (Luna), er arbeitet bei einer IT-Firma als Programmierer und verdient dabei so gut, dass er Sophie immerhin ein Einfamilienhaus hinstellen konnte, wenn auch nicht in Seelage. Die beiden haben inzwischen ein Kind, Leon (5). Sophies Stärke, ihre Sehnsucht nach Harmonie und Gerechtigkeit, ist gleichzeitig auch ihre Schwäche: Wenn's richtig brenzlig wird, neigt sie manchmal dazu, nicht vehement genug aufzutreten, aber dazu hat sie ja Luna. Luna, von der sie damals als kleines Mädchen unter die Fittiche genommen wurde, der sie später nach der Schulzeit, als Luna strauchelte, eine neue Perspektive, ein neues Leben gezeigt hat. Ihre intensive, von wechselseitigem Füreinander-da-sein geprägte Beziehung bestimmt Lunas und Sophies Verhältnis bis heute.

Bernhard Henschel (55; gespielt von Michael Lott): Der Veteran. Hat alles gesehen, der ruhende Pol in der Soko und so etwas wie ein Vater für die anderen. Und wenn kein anderer dabei ist, nennen sie ihn auch so: Daddy. Bernhard schmeichelt diese Rolle, aber in diesem Punkt liegt auch eine tiefe Zerrissenheit begründet. In dieser ›Vaterrolle‹, in den die anderen ihn so gerne hineinreden, hat er im wirklichen Leben versagt. Zumindest wirft er sich das vor.

Bernhard ist verheiratet und hat zwei Kinder, Anka (20) und Nils (17). Vor einem halben Jahr ist Nils allerdings verschwunden. Er ist abgehauen. In einem Brief, den er seinen Eltern hinterlassen hat, hat er ihnen mitgeteilt, dass er es nicht mehr in ihrem bürgerlichen Umfeld aushält, dass er woanders hingehen wird, dort wo es Menschen gibt, die ihn verstehen. Das Verschwinden des Sohnes war ein tiefer Einschnitt für Bernhard und seine Frau. Ihre Ehe wurde erschüttert. Beide hatten das Gefühl, in der Elternrolle versagt zu haben. Ohne es wirklich zu wollen gaben sie sich (zunächst unbewusst, dann offen) gegenseitig die Schuld für den Bruch des Sohnes. Bernhard und seiner Frau gelingt es langsam, die daraus erwachsene Ehekrise zu überwinden, am Ziel sind sie aber noch lange nicht. Und das Gefühl, nicht genug für seinen Sohn da gewesen zu sein, ihn nicht verstanden zu haben und jetzt tatsächlich loslassen zu müssen in der Hoffnung, dass er vielleicht irgendwann von sich aus wieder zurückkommt, hat Bernhard verändert.

Bernhard ist innerlich tief zerrissen, aber er wird alles tun, um seinen Job professionell weiter durchzuziehen. Auch wenn er der Versuchung nicht widerstehen können wird, seine beruflichen Werkzeuge für die Suche nach seinem Sohn einzusetzen.

In der Soko ist er der Kopf im Hintergrund, der Mentor, der Stratege.

Christoph Westerman (30; gespielt von Hendrik von Bültzingslöwen): Der Name Westerman ist ein fester Begriff bei der Polizei in Potsdam. Christophs Vater war Kriminaloberrat und leitete bis zu seiner Pensionierung die Abteilung Organisierte Kriminalität beim LKA Brandenburg, während dessen Bruder, Christophs Onkel als Staatsanwalt in der Landeshauptstadt tätig war. Christophs Weg war also vorgezeichnet.

Er war und ist ein Ermittler aus Leidenschaft. Für ihn ist die Arbeit mehr als nur ein Job. Sie bestimmt sein Leben und er hat kein Problem damit, sich auch nach Feierabend noch mit den Fällen zu beschäftigen oder sich in Fachliteratur und die neusten kriminologischen Veröffentlichungen zu vertiefen. Polizeiarbeit ist einfach sein Leben.

Nicht jeder kann mit diesem Grad der Leidenschaft und der praktisch nicht vorhandenen Abgrenzung zwischen Arbeit und Freizeit umgehen und so kommt es, dass feste Beziehungen immer wieder zu einem …

LUNA	Ich mag dich, Christoph, wirklich. Aber ich bin so froh, dass wir beide uns nicht schon in der Schule kannten.
CHRISTOPH	Aber wieso, wäre bestimmt nett gewesen.
LUNA	Nicht für dich. Die Streber wurden bei uns immer verprügelt.

… Problem in Christophs Leben werden. Die Frauen bleiben nie lange bei ihm. Und dann gibt es da noch **Katja** (40), die große Liebe seines Lebens. Die beiden waren drei Jahre ein Paar, dann ging es nicht mehr, dann ging es wieder, dann wieder nicht. Sie können nicht mit und nicht ohne einander.

Was Frauen angeht, ist Katja die einzige Konstante in Christophs Leben und das schon seit fast 20 Jahren. Verlässlichkeit und Loyalität stehen in Christophs Werteskala ganz oben. Er liebt sein Team, auch wenn er nicht jeden Witz versteht, vor allem nicht die auf seine Kosten.

David Grünbaum (41; gespielt von Omar El-Saeidi): David ist ein echter Kerl, einer, der beim SV Babelsberg sonntags in der Kurve steht und bei Toren Bierduschen verteilt. Ein bisschen prollig, aber auf die nette Art. Sehr umgänglich, vor allem mit Frauen. Er flirtet gerne, am liebsten mit Luna, dabei ist er seit 12 Jahren mit seiner Jugendliebe Jessi zusammen. Und treu! Sie haben zwei Mädchen (5 und 7) und die sind sein ganzer Stolz. Stolz ist er auch darauf, Ossi zu sein.

Er ist sehr sportlich und mit einer Selbstironie, die ihn sympathisch macht. Er geht klettern und trainiert nach eigener Aussage für seinen ersten Ironman, allerdings so inkonsequent, dass er es niemals bis zur Startlinie schaffen wird.

DAVID	Bücher lese ich erst dann, wenn mein Körper an einen Sessel gefesselt ist.

David ist ein Typ, den man gerne um sich hat, weil er einen aus brenzligen Situationen raushauen kann, im wahrsten Sinne des Wortes. Und vor allem - auch wenn man es ihm nicht sofort zutraut - er kann zuhören, ohne gleich mit einem blöden Ratschlag um die Ecke zu kommen. Ihm kann man sein Herz ausschütten, am liebsten bei einem Sterni-Bier, er wird es für sich behalten. David - das ist der Buddy, den unsere Frauen brauchen.

Werner Vense (72; Gespielt von Bernd Stegemann): Werner ist Rentner. Eigentlich. Aber der Ruhestand hat ihm nicht gutgetan. Und die Soko Potsdam war ohne ihren Rechtsmediziner sowieso aufgeschmissen. Nun ist er wieder eingestiegen - seine bewährten Methoden sind eh die besten, sagt Henschel.

DAVID	Willst du nicht mal auf Power Point umsteigen?
WERNER	Das ist ja das Schöne: So lange ich hier freiwillig bin, muss ich hier nicht CSI Potsdam spielen, sondern kann einfach meine Arbeit machen.

Statement

Richard Kropf, Bob Konrad und Hanno Hackfort
Freundinnen müsste man sein – die Entwicklung von *SOKO Potsdam*

Die Produzentin Gerda Müller von Bantry Bay, mit der wir seit vielen Jahren gerne zusammenarbeiten, kam eines Tages in der Kaffeepause einer anderen Drehbuchbesprechung auf uns zu und sagte: Habt ihr nicht Lust euch eine neue Soko auszudenken, es gibt eine Ausschreibung, ich würde da gerne was einreichen. Wir haben dann noch auf dem Flur gegoogelt und es hat nicht viele Klicks gebraucht, um zu sehen, was in den bisher produzierten Sokos fehlt: eine klare weibliche Perspektive. Der zweite Gedanke war dann direkt ein Song von Funny van Dannen, der geht so: »Freundinnen müsste man sein, dann könnte man über alles reden, über jeden geheimen Traum. Freundinnen müsste man sein, dann könnte man über alles lachen, viele Sachen zusammen tun...« Das war's, das war die Initialzündung. Manchmal ist es so einfach.

Aber natürlich entsteht eine Idee nicht von einer Sekunde auf die andere, sondern ist das Ergebnis von jahrelanger Fütterung des Hirns, mit Dingen, die einem im ersten Augenblick vielleicht unnütz oder banal erscheinen – und dann aber plötzlich wieder auftauchen. Ein Satz, eine Melodie, eine Figur, die sich dann mit etwas anderem verknüpfen lassen. Hier war es also: Zwei beste Freundinnen ermitteln gemeinsam. Neben all den beruflichen Dingen, die sie zu besprechen haben, reden sie auf den Fahrten zum Tatort, auf dem Gang zum Kaffeeautomaten über ihre Freundinnen-Sachen: Beziehungs- und Erziehungsprobleme, Erinnerungen an ihre gemeinsame Jugend, pro und contra Spaghetti Bolognese mit Tofu. All sowas. Wir wollten dem Zuschauer von Szene 1 an das Gefühl geben, dass hier nicht die nächsten ›Ermittler, die verschiedener nicht sein könnten‹ unterwegs sind, sondern das Gegenteil davon: Freundinnen mit vielen Gemeinsamkeiten. Dass sie dennoch ganz unterschiedliche Charaktere sind, versteht sich von selbst – und bietet hin und wieder die Möglichkeit, die beiden auch mal in einen Konflikt zu bringen, wenn der Plot es erfordert. Um dann gemeinsam mit ihnen die Versöhnung zu erleben. Wir wollten dem Zuschauer das Gefühl geben: Bei den beiden wäre ich auch gern dabei – genau wie das Team, das wir um die beiden herumbauten. Ein gute Truppe.

Die Stadt Potsdam war ebenfalls schnell gefunden; sie schien uns der ideale Ort zu sein, um Fälle zu erzählen, die sich zwischen den Villenvierteln und dem prekären Leben am Rande der Stadt ansiedeln lassen. Eine unglaubliche Bandbreite, die uns bis in die vierte Staffel hinein immer neue Geschichten ermöglichte und auch weiterhin ermöglichen wird. Dass die Serie so erfolgreich ist, liegt wie immer nicht nur an Idee und Drehbüchern, sondern an einem Team, das eine gemeinsame Vision versteht, verfolgt und umsetzt: Die Redaktion beim ZDF, das Produzententeam, die Schauspieler, die Regie – alle vor und hinter der Kamera. Man muss nicht befreundet sein wie unsere Protagonistinnen, aber – davon sind wir sehr überzeugt – gute Filme und Serien entstehen nur durch Teamwork.

4. Struktur

Erstaunlich, aber wahr: Die beiden häufigsten Episodentitel in Serien sind ›Hochzeit mit Hindernissen‹ gefolgt von ›Schatten der Vergangenheit‹. Man könnte sagen: Beide Titel zeugen nicht unbedingt von besonderer Originalität (erst recht, weil ›Hochzeit mit Hindernissen‹ bei über 40 Serien verwendet wurde). Beide Titel geben allerdings einen Erzählrahmen vor. Bei ersterem werden zwei Menschen (oder auch Tiere, ja, tatsächlich) heiraten, aber irgendwie gibt es Probleme (womit wir schon mal den Konflikt im Titel etabliert haben), vielleicht hat irgendjemand etwas dagegen oder es ist schwierig, rechtzeitig zum Trauungsort zu gelangen – was auch immer passiert, im Kopf des Zuschauers entsteht ein Bild: das am Ende der Folge eine Szene vor dem Altar stattfinden wird, in der ein für alle Mal beantwortet wird, ob diese Figuren jetzt verheiratet sind oder nicht. Bei ›Schatten der Vergangenheit‹ ist ebenfalls relativ klar, dass jemand aus dem Vorleben der Figur (ein Ex-Mann, ein Bruder, den man verschwiegen hatte, o.ä.) auftaucht oder das ein Geheimnis einer Figur gelüftet wird, bzw. entdeckt zu werden droht. Auch hier ist ein Konflikt schon angelegt, denn was auch immer aus der Vergangenheit kommt, es bedroht die etablierte Situation jetzt – und unsere Figuren werden darum kämpfen müssen, dieses Gleichgewicht der Situation am Ende wieder herzustellen.

Beide Episodentitel beschreiben also Handlungen, die im Kern nicht originell sind, sondern bekannte Muster aufgreifen. Warum aber packen uns diese Geschichten dann doch? Weil es den Autoren gelingt, irgendetwas Besonderes zu erzählen. Irgendwas, an das man sich im besten Falle sogar später erinnert.

Aber können Sie sagen, was in Folge 6 der ersten Staffel einer beliebigen Serie passiert ist? Mit großer Wahrscheinlichkeit nicht. Wenn wir uns an Serienepisoden erinnern, dann meistens folgendermaßen: *Weißt du noch, als sie damals im Fahrstuhl gefangen waren und die ganze Folge über nicht rauska-*

men? Oder als Monk seinen hundertsten Fall löste? Oder als der eine vom C.S.I.-Team in einem Sarg lebendig eingegraben wurde?

Bei letzterem Beispiel fällt uns vielleicht noch ein, dass es eine Doppelfolge war, die von Quentin Tarantino geschrieben und inszeniert wurde, aber mehr auch nicht. Wir wissen weder, warum der Kriminaltechniker in den Sarg gesperrt wurde, noch wer der Täter war, noch wie sie ihn dann gefunden und befreit haben. Aber wir erinnern uns an den grauenhaften Moment unter der Erde, der panische Blick des Mannes, der zu ersticken droht und an die perfide Tat des »Mörders«, jemanden lebendig zu begraben.

Man erinnert sich an Momente. Momente der Spannung, des Humors, Momente des Charakters. Oder (und vor allem) auch Bilder. (*Weißt du noch, als sie ihren Vater verloren hat? Als er über ein Seil zwischen zwei Hochhäusern balancieren musste?*) Das sind aber alles *one-line ideas*, oder auch *areas* genannt. So toll und einprägsam sie sein mögen (und so oft sie am Anfang der Idee für die Entwicklung einer Episode stehen), sie funktionieren nur im richtigen Kontext.

Sie können ihre emotionale Wirkung überhaupt erst entfalten, wenn sie in eine entsprechend überzeugende Geschichte eingebettet sind. Also nur, wenn der Autor den Zuschauer dramaturgisch richtig führt. Ergo: Der Zuschauer schaltet eine Serie wieder und wieder ein, weil er sich für seine Lieblingscharaktere interessiert - aber diese Charaktere funktionieren nur, wenn sie in den richtigen Kontext gesetzt werden, wenn sie Challenges, Aufgaben, Rätsel, Gegner und Gefahren bekommen. Denn nur durch diese können die Figuren zeigen, wie, nein, wer sie sind. Und dies ist nur dann überzeugend und mitreißend, wenn es innerhalb einer guten Geschichte geschieht. Und dazu gehört eben eine entsprechende Struktur.

Es gibt unzählige unterschiedliche Erzählstrukturen in Serien. Grundsätzlich kann man drei Muster identifizieren.

- *Quest*-Serien haben abgeschlossene Episoden. In ihnen verfolgen eine oder mehrere Hauptfiguren ein gemeinsames Ziel.
- *Daily-Struggle*-Serien fokussieren sich weniger auf klare Ziele, sondern behandeln den alltäglichen Kampf der Figuren. Selbstverständlich gibt es auch hier unterschiedliche Ziele, aber es geht nie ausschließlich darum, den Patienten, einen Gefangenen oder die Welt zu retten. Hier befinden sich die Hauptfiguren untereinander ständig im Konflikt, während sie dabei auch ein alltägliches, normales Leben führen. Familienserien oder Soaps sind klassische Beispiele.

- *Final strukturierte* Serien arbeiten auf ein Ende hin, das im Finale der Staffel erreicht wird (*24*). Eine Staffel also beantwortet die Frage, die anfangs gestellt wurde: Wird es gelingen, das Attentat zu verhindern/den Serienmörder zu stellen/den Großkonzern in die Knie zu zwingen? Final strukturierte Serien sind also *horizontal* erzählt.

Die Struktur einer Serie erfüllt verschiedene Bedürfnisse der Zuschauer. Manche wollen sich auf große, epische Erzählungen einlassen und in fremde Welten abtauchen, wollen Zeuge werden, wie sich Figurendynamiken entwickeln, Gefüge verschieben, wollen sehen, wie eine Figur eine große, profunde Wandlung durchmacht. Die in Form eines einzelnen Films nicht in der Tiefe darzustellen wäre. Überhaupt liegt (wie schon angesprochen) der Fokus der Serie auf der Figur. Auch wenn sie in episodisch erzählten Serien kaum eine Entwicklung durchmacht. Aber dennoch ist die Figur hier Kern und Angelpunkt, ihr gilt das Erkenntnisinteresse des Zuschauers, er will Folge für Folge sehen, wie diese Figur ihre speziellen Hindernisse überwindet. Zum Beispiel die, wie bei *The Good Doctor* hochbegabt und ein Autist zu sein – und dennoch ein Arzt. Dessen Job ja beinhaltet, viel auf Menschen und Emotionen einzugehen.

Gerade horizontal erzählte Serien bieten aber die Möglichkeit, Ambivalenzen innerhalb einer Figur auszuloten, ihr Widersprüchlichkeiten zu geben und sie in vielen Facetten zu zeigen. Diese Mehrdimensionalität ist ein großes Plus, bindet den Zuschauer und lässt ihn – sofern der Grundkonflikt der Figur interessant genug ist – der Figur über einen längeren Zeitraum zu folgen. Egal, ob sie ein Loser (*Fargo*), ein Mafia-Boss (*Die Sopranos*) oder ein schmieriger Anwalt (*Better Call Saul*) ist, bei dem wir verstehen wollen, warum er so geworden ist. Die Serie beschreibt also den Wandel einer Figur.

Manche Serien machen den Kunstgriff, dass sie mit einem *foreshadowing* arbeiten. In der Einstiegsszene von *Breaking Bad* zum Beispiel steht Walter White in Unterhose neben einem kaputten Campingbus und zieht eine Waffe, als sich Polizeisirenen nähern – dieses Einstiegsbild ist so skurril und wirft so viele Fragen auf, dass wir Zuschauer dringend wissen möchten: Wie verdammt ist diese Figur dorthin gekommen. Und ja, die Frage wird am Ende der ersten Staffel beantwortet. Also ist auch das ein Beispiel für eine final strukturierte Erzählung.

4.1 Episodenstruktur

Es gibt in der amerikanischen Serie seit Langem eine 4-Akt Struktur. Und immer stärker hat sich dieses Erzählmuster auch in europäischen/deutschen Formaten etabliert. Eine Vier-Akt-Struktur bedeutet, da die Aktenden ja mit Wendepunkten gesetzt sind, dass alle 13-15 Minuten etwas Entscheidendes passiert. Je nachdem wie man es definiert, haben wir – sofern wir einen Teaser nutzen (dazu später mehr) sozusagen eine Fünf-Akt-Struktur (jeder der Akte ist rund 10 Seiten lang).

Im Wesentlichen folgt eine Erzählung (ganz verallgemeinert) folgendem Muster, das an Abenteuerformate der Heldenreise erinnert:

- Wir begegnen unserem Protagonisten (wir sprechen jetzt in Einzahl, obwohl sich das Muster auch auf mehrere Figuren beziehen kann) in einer Welt, die dieser kennt und beherrscht. Das ist der Status quo.
- Der Protagonist stellt fest, dass er etwas bestimmtes will oder braucht. (Dieser Moment ist das *auslösende Ereignis*, der *Ruf des Abenteuers*, der *Inciting Incident*). Hier wird der Status quo in ein Ungleichgewicht gebracht.
- Am Ende des ersten Aktes begibt er sich auf den Weg – und gerät in eine ungewohnte Situation. Dies geschieht mit dem Eintritt in die *unbekannte Welt* – die gleichzeitig den Beginn des zweiten Aktes markiert.
- Der Protagonist versucht, sich in der unbekannten Welt zurecht zu finden. Er erlebt diverse Komplikationen.
- Schließlich findet er, was er braucht. Dies ist der *Midpoint* der Geschichte. Allerdings ist die Situation derart, dass die Figur oft noch nicht wirklich begriffen hat, was sie braucht. Wir erinnern uns: Der *Midpoint* ist oftmals die Spiegelung des Finales, er nimmt dieses – in verminderter Form – vorweg. In einem Liebesfilm ist der Midpoint zum Beispiel der Moment, in dem sich die beiden Figuren nahekommen und vielleicht küssen (*Harry und Sally*, um ein bekanntes Beispiel zu nennen). Aber der Kuss bedeutet nicht, dass sie zusammen sind. Vielleicht versuchen sie es, aber verschiedene Wirrungen führen dazu, dass sie sich wieder trennen (oder getrennt werden).
- Nachdem der Protagonist gefunden hat, was er sucht, muss er einen schweren Preis dafür zahlen. Er leidet.
- Der Protagonist versucht, in die gewohnte Welt zurückzukehren, was er im Übergang zu Akt 3 auch tut.

- Hier sehen wir, dass der Protagonist - hervorgerufen durch die Erlebnisse zuvor - sich endgültig verändert hat.
- Und damit hat er sein Ziel erreicht. Er ist wieder in der gewohnten Welt, doch etwas ist anders, ist neu. Und dennoch hat er einen Status quo wieder hergestellt, der an die Anfangssituation erinnern mag - aber viel besser ist.

Dieses Muster lässt sich vor allem auf Filme, oder aber auch auf horizontale Serien anwenden. Vielleicht nicht genau in dieser Form, aber wenn wir uns die Figurenentwicklungen dort ansehen, werden wir diese Schritte wiedererkennen - vielleicht nicht immer in demselben temporären Rahmen. Aber selbst, wenn das der Erzählbogen unserer Figur über die Staffel hinweg ist, eine einzelne Episode unterteilen wir in den meisten Fällen in das Muster der 4 Akt-Struktur.

1. Akt - Das Mantra der Figur ist: »Das ist, was ich will.« Und: »Ich habe einen Plan.«
Die Charaktere und der Konflikt werden eingeführt. Wir begreifen, was auf dem Spiel steht. Am Ende des Aktes gibt es den ersten großen Wendepunkt.

2. Akt - Das Mantra der Figur ist: »Das ist, was ich wirklich will.« Und: »Ich habe das hier nicht erwartet, aber ich werde schon zurechtkommen.«
Der Protagonist versucht den Fall aufzuklären / das Gold zu finden / das Problem zu lösen, aber es gibt neue Hindernisse auf seinem Weg. Am Ende des Aktes tut sich eine völlig neue und überraschende Wende auf.

3. Akt - Das Mantra der Figur ist: »Das ist, was ich wirklich, WIRKLICH will.« Und: »Ich kann nicht zurück, weil ich mich schon zu sehr verändert habe. Ich muss da durch!«
Der Protagonist ist am Point of no Return angelangt er reagiert auf die neuen Umstände und manövriert in eine Situation, die er denkt, unter Kontrolle zu haben, aber am Ende des Aktes muss er herausfinden, dass er sich geirrt hat. Es ist viel schlimmer, als er gedacht hatte / es gibt ein noch größeres Hindernis / es geht um noch viel mehr als er gedacht hatte. »Sie werden sterben. Es gibt keine Hoffnung.«

4. Akt - Das Mantra der Figur ist: »Das ist, was ich wirklich *brauche*, koste es, was es wolle.« Und: »Ich bin geschlagen - aber ich kann nicht aufgeben.« Der Protagonist findet eine Lösung, überwindet die Hindernisse, löst den Konflikt und erreicht sein Ziel. Der Verbrecher ist gefangen, das Gold gefunden, die Welt gerettet.

Beispiele? Die amerikanische Produzentin der Serie *Mike Hammer* erklärte, dass jede Folge der Serie nach diesem Muster funktionierte:

- Am *Anfang* der Episode bittet eine sympathische Figur Mike Hammer um Hilfe. Am Ende des ersten Aktes wird die sympathische Figur tot aufgefunden.
- Im *zweiten* Akt verfolgt Mike Hammer die Spur des Mörders, findet diesen am Ende des Aktes ebenfalls tot vor und erfährt von einem weiteren Mordfall (was beweist, dass der Tote nicht der Mörder gewesen sein kann).
- Im *dritten* Akt heftet sich der wahre Mörder an Mikes Fersen, worauf unser Held in höchste Lebensgefahr gerät.
- Im *vierten* und letzten Akt kommt es dann zum entscheidenden Showdown zwischen Mike und dem Bösewicht.

Auch die überaus erfolgreiche Serie *Law and Order* funktionierte nach folgender Struktur - 20 Staffeln und 456 Folgen lang:

- Ende des *ersten Akts*: Man weiß, wer gestorben ist, wer die Verdächtigen sind und was die Hindernisse sind, die die Polizisten überwinden möchten.
- Ende des *zweiten Akts*: Die Polizisten nehmen jemanden fest, mit dem wir nicht gerechnet haben und drehen dadurch die Geschichte in eine ganz neue Richtung.
- Ende des *dritten Akts*: Die Helden (die jetzt die Anwälte sind) haben alles was sie brauchen, um den Fall zu Ende zu bringen: ein Geständnis, einen Zeugen. Doch plötzlich zieht der Dieb das Geständnis zurück, erkennt der Richter den Zeugen nicht an und stellen die Polizisten fest, dass sie den Falschen verhaftet haben und der Täter immer noch frei ist.
- Im *vierten Akt* lösen sie den Fall und können (meist) den Täter verurteilen.

Die Vier-Akt-Struktur finden wir vornehmlich in Stundenserien, also Formaten, die ca. 45 Minuten lang sind. In Zeiten der Streaming-Dienste haben solche klaren Formatlängen allerdings ausgedient – da die einzelnen Episoden nicht mehr in irgendwelche Zeitraster passen müssen, weil danach die *Tagesschau* oder ein anderes Serienformat folgt, können die einzelnen Folgenlängen variieren, es können in Ausnahmefällen durchaus Unterschiede von bis zu zehn Minuten pro Folge auftreten.

Als 30-minütiges Format wird normalerweise die Sitcom behandelt. Immer häufiger werden in den letzten Jahren auch 30-minütige Formate produziert, die nicht mehr nur Sitcom sind. Das Half-Hour-Drama hat bei der BBC schon länger Tradition und hat dort eine dreiaktige Struktur. Die klassische Sitcom ist ca. 23 Minuten lang, streckt sich aber durch Werbeunterbrechung auf 30 Minuten (genauso, wie aus dem 45-minüter ein Stundenformat wird). Die Sitcom beginnt mit einem Teaser – oder wie man bei diesem Genre viel häufiger sagt: einem ›Cold Open‹. In diesen zwei bis drei Minuten der ersten Szene vor den ›opening credits‹ werden Handlungsort und Charaktere vorgestellt und es gibt einen ersten Gag, der nicht unbedingt auf den Hauptkonflikt abzielt, wohl aber Teil eines zweiten Konflikts sein kann. Darauf folgt der erste Akt, der klassischerweise aus drei Szenen besteht. Dann, nach der Werbepause, folgt der zweite Akt, der ebenfalls aus drei Szenen besteht und ebenso 7 bis 8 Minuten lang ist. Nach einem weiteren Werbebreak folgt das Finale, in dem in zwei Szenen die beiden Hauptkonflikte zum Ende gebracht werden. Dies allerdings ist die US-Amerikanische Variante, die in Deutschland aufgrund nur einer Werbepause schon anders strukturiert wäre, und da generell die Grenzen immer mehr zerfließen und man heute viel mutiger und unkonventioneller erzählt, wird man sich hier weniger auf starre Aktgrenzen festlegen lassen. Sofern das Grundmuster von auslösendem Ereignis, Konfrontation mit dem Problem und schließlich Lösung erhalten bleibt, ist fast alles möglich.

4.2 Haupt- und Nebenplot

Abgesehen vom Hauptplot verfügt eine Serienfolge natürlich über mehrere Subplots, die unterschiedlich gewichtet sind. Grundsätzlich gilt: Der A-Plot ist der Hauptplot. Weitere Plots werden mit B/C/D… bezeichnet, je nach Größe und Wichtigkeit des Plots. Will sagen: Ein kleinerer, nicht ganz so relevanter Nebenplot, der vielleicht nur aus drei Szenen oder nur drei Erzählmomenten besteht, wird eher mit D oder E bezeichnet.

Es gibt unzählige Varianten, was die Erzählweise mit Haupt- und Nebenplot in Serien angeht.

Wenige Serien bestehen nur aus einem einzigen, einem A-Plot (z.B. *Monk*, einige Sitcoms). In den meisten Fällen haben wir mehrere Plots. Oft ist die Haupthandlung dominant, in manchen Genres sehen wir, dass

A- und B-Plot gleich gewichtet werden. Dies ist zum Beispiel bei Medicals oft der Fall. Deren klassisches Erzählmuster beinhaltet zwei Patientenfälle pro Episode (u.a. *Bettys Diagnose*). Der eine ist meist ernst, dramatisch und in der Konsequenz lebensbedrohend, der andere ist oft eher leicht oder humorig. Es gilt eigentlich immer, eine Bandbreite von Emotionen anzubieten, daher die unterschiedliche Tonalität der Plots. Dennoch sollte man darauf achten, auch in einem humorigen Plot zumindest an einer Stelle eine Ernsthaftigkeit, eine Tiefe zu entwickeln. Andernfalls besteht die Gefahr, dass dieser Strang als ›zu leicht‹, sogar zu albern empfunden wird. Und dies stört das homogene Gefüge von Emotionen, Dramatik und Intensität, den eine Serienfolge eben auch bieten muss. Es soll sich alles gut zusammenfügen.

Fall wir eine Struktur mit zwei klaren A- und B-Plots haben, die sich auf Patienten oder Klienten (in Anwaltsserien) fokussieren, gibt es oft noch einen C-Plot, der sich mit der *private-line* der Hauptfigur beschäftigt. Wie auch immer ein solcher Plot bezeichnet oder gewichtet ist, er ist im heutigen Erzählen eigentlich unabdingbar. Dass wir Figuren als reine Funktionsträger definieren, die über keine eigene Persönlichkeit verfügen und nur ›ihren Job‹ machen, ist kaum mehr erzählbar. Serien wie *Law and Order* oder *Criminal Intent*, in denen die Hauptfiguren keinerlei eigenen Fokus, keinerlei Geschichte haben, sondern allein über Aussehen, Fragetechnik und meinetwegen Frisur definiert werden, sind wohl eher passé.

Grundsätzlich gilt natürlich: Je mehr ›Ensemble‹ in der Serie, desto wichtiger und häufiger sind B-, C- und D-Plot. Weil man all seine Figuren bedienen muss.

In der Soap bzw. in der Telenovela entwickeln sich die Storylines nach einem festen Schema, der sogenannten ›Zopfdramaturgie‹. In der Regel gibt es drei Storylines (A, B, C), die in der jeweiligen Folge parallel erzählt werden, wobei auch immer ein leichterer, ein Comedy-Strang dabei ist, der zur Auflockerung dienen soll.

Nach jeder Szene wechselt die Storyline, zunächst von Plot A zu Plot B zu Plot C. Die weitere Reihenfolge des Wechsels entspricht einem Zopfmuster: ABC -> BCA -> CAB -> ABC.

Ist eine Storyline zu Ende, setzt die nächste Storyline D ein: ABC -> BCD -> CDE -> DEF -> EFG usw.

Man muss feststellen, dass das moderne serielle Erzählen immer horizontaler wird. Dies bedeutete, dass die entsprechenden A-/B-/C-Plots natürlich nicht pro Folge abgeschlossen sind, sondern sich episodenübergreifend fortsetzen. In manchen Fällen finden wir das Muster, dass, sobald ein A- oder B-Plot in einer Folge abgeschlossen ist, der in dieser Folge etablierte C-Plot dann zum Ausgangspunkt für eine spätere Episode wird. In vielen Fällen ziehen sich die einzelnen Plots durch die gesamte Serie hindurch – vgl. dazu die angesprochenen Figurenbögen. In einem Serienkonzept sollte man diese, bzw. die wichtigsten Plots aufführen. Nicht zu detailliert, nicht zu komplex, aber der Leser sollte schon ein Verständnis dafür bekommen, wie diese Plots strukturiert sind und wohin sie verlaufen, wie sie einander beeinflussen. Letzter Punkt ist wohl der Wichtigste (wenngleich auch nicht der einfachste in diesem frühen Stadium der Serienentwicklung). Eine Serie muss immer einen homogenen Eindruck erwecken, trotz aller unterschiedlichen Themen, Plotverästelungen, Nebenfiguren und -schauplätzen – der Kern des Formates darf nie vergessen werden. Er ist das, was alles zusammenhält.

Wie und in welcher Form Sie in Ihrem Serienformat mit Haupt- und Nebenplots umgehen, ist allein Ihnen überlassen. Sie haben alle Möglichkeiten. Was Sie allerdings unterlassen sollten ist, in dem Serienkonzept mit Termini wie A- und B-Plot usw. zu arbeiten. Diese sind ja eher technischer Natur und erzeugen dadurch während der Lektüre eine Distanz beim Leser. Es ist immer besser, eine Geschichte zu *erzählen*. Bleiben Sie bei den Figuren, bleiben Sie bei deren Handlungen, bei der emotionalen Wirkung der Ereignisse. Versuchen Sie, den Leser durch die Geschichte mitzureißen.

4.3 Der Teaser

Der Teaser soll den Zuschauer in die Geschichte hineinziehen und ihn neugierig auf das Folgende machen. In Zeiten des linearen Fernsehens war der Teaser elementar wichtig für die Fernsehsender. Zu Zeiten, in denen das

Hauptabendprogramm um 20:15 Uhr startete, sahen sich alle Fernsehsender einem gehörigen Konkurrenzdruck ausgesetzt - denn zeitgleich begannen auf den Konkurrenzkanälen ebenfalls Serien (oder Filme). Um so wichtiger war es (und ist es immer noch), dass man den Zuschauer sofort *hookt*, ihn durch einen tollen Serienanfang in die Geschichte hineinzieht, bevor er gelangweilt umschalten kann. Doch auch in Zeiten des Streamens ist der Teaser wichtig, vielleicht sogar noch wichtiger. Netflix geht davon aus, dass der Zuschauer innerhalb der ersten 5 Sekunden unbewusst entscheidet, ob er das Programm weiter schauen will oder nicht. Umso wichtiger ist der Einstieg in die Serie.

Ein guter Teaser gibt dem Zuschauer einen Vorgeschmack davon, was zu erwarten ist. Das bedeutet, er sollte folgende Elemente enthalten:

- Wer ist der Hauptcharakter? Es ist eigentlich in allen Fällen sinnvoll, den oder zumindest einen der Protagonisten zu etablieren. Mit zu vielen Figuren sollte man den Zuschauer zu Anfang jedoch nicht überlasten.
- Nur in Ausnahmefällen werden die Hauptfiguren nicht direkt im Teaser eingeführt, stattdessen wird eine fremde Welt (*Akte X*) etabliert, gerne mit Mord (*Miami Vice*) oder ein besonders schräger, skurriler Moment, wie in *Six Feet Under*, das jedesmal mit einem Todesfall startete: Ein Mensch kam unter skurrilen Bedingungen zu Tode. Und seine Leiche wurde dann später im Bestattungsinstitut der Familie versorgt und aufgebahrt - oft ohne dass diese Figur und ihre Angehörigen überhaupt noch eine Rolle spielten.
- Manchmal allerdings werden in episodalen Serien nur die Hauptfiguren eingeführt und der Fall der Woche völlig außer Acht gelassen. Das geschieht dann, wenn der Fokus der Serie eben auf den Figuren liegt, und die Episodenplots nur Mittel zum Zweck sind, um die Horizontalen weiter zu erzählen, wie z.B. in *Grey's Anatomy*.
- Überaus selten ist der Teaser gänzlich losgelöst vom Main-Plot und führt weder Figur, noch Thema, noch Plot ein. So wie in *Cheers*, wo der Teaser immer nur ein Gag war - gänzlich ohne Anbindung an Haupthandlung. Dafür aber musste es ein besonders guter Gag sein.
- In den meisten Fällen allerdings fokussieren wir den Teaser auf den Protagonisten: Wie ist der Charakter? Das sollte so schnell wie möglich klar werden. Es empfiehlt sich also, die Figur direkt in einem am besten

konfliktreichen Moment zu etablieren und ihre besondere Haltung/ihren Witz/ihre unkonventionellen Strategien darzustellen.

- Worum geht es? Was ist, wenn möglich, der zentrale Konflikt? Deswegen stellt der Teaser (gerade in episodal erzählten Serien immer) den Fall vor. Die Leiche wird gefunden. Und diesmal ist etwas wirklich seltsam daran... Oder: Ein Klient wendet sich an die Anwältin und hat ein wirklich besonderes Anliegen. Oder: Ein Patient wird eingeliefert, weil er in einer Situation zusammengebrochen ist. Aber die Symptome sind völlig unklar...
- In welcher Welt befinden wir uns? Gerade zu Beginn einer neuen Serie muss man die *Welt der Geschichte* schnell etablieren. Sind wir in einer postapokalyptischen Welt?
- Der *Ton* der Serie wird gesetzt: Geht es um Leben und Tod? Geht es um Liebe, um Romantik? Ist das Format lustig oder/und bewegend?
- Und im besten Fall wird das *Thema* der Folge ebenfalls etabliert. Idealerweise leitet sich dies aus dem Episodenfall ab – es geht um Verlust, um Trauer, um Liebe, um Gewalterfahrung, um Missbrauch, um Zurückweisung, um das Altern – was auch immer.

Nicht nur für lineare, auch für zeitungebundene Formate gilt: Jede Folge sollte mit einem Teaser beginnen – es sei denn, die zweite Folge schließt direkt an die erste an. Dann also, wenn die vorangehende mit einem dramatischen Wendepunkt, also Cliffhanger, endet.

4.4 Cliffhanger

Cliffhanger sind große, dramatische Wendepunkte. Nicht für irgendjemanden in der Geschichte – sondern für die Hauptfigur. Ein solcher Wendepunkt sollte immer eine emotionale Wirkung auf den Protagonisten haben. Vielleicht ist der Wendepunkt groß (»Luke, ich bin dein Vater.«), vielleicht ist er eher klein. Aber in jedem Fall muss er die Hauptfigur (und den Zuschauer) emotional treffen.

Mit Cliffhangern will man eine stärkere Zuschauerbindung erreichen. Es wird eine Rätselfrage aufgeworfen, die beantwortet werden will – im linearen Fernsehen nach der Werbepause. Denn ja, dort sind alle Serienepisoden so aufgebaut, dass die Werbepausen mitgedacht werden. Wann gehen wir raus und was geben wir dem Zuschauer mit, so dass er sieben

Minuten Unterbrechung übersteht, womöglich umschaltet, aber dann dennoch so neugierig ist, dass er wieder zurückkommt?

Gleiches gilt - viel stärker noch - für die Cliffhanger am Folgenende. Diese sollten eine so große dramatische Wirkung haben, dass der Zuschauer auch die folgende Episode schauen will (die im linearen Fernsehen ja meist erst eine Woche später kommt). Es fällt ihm schwer, auszusteigen. Er muss wissen, wie es weiter geht. Denn das, was er gerade gesehen hat, ist so erstaunlich, so berührend, so spannend (am besten alles gleichzeitig), dass er unbedingt weiter schauen will. Voilá: Binge-Watching.

Es versteht sich von selbst, dass Sie, wenn sie einen Staffelbogen entwerfen, unbedingt mit Cliffhangern arbeiten (s.u.).

4.5 Tag

Ein *Tag* ist ein finaler Kommentar am Ende einer Folge. Er hat im Gegensatz zum Cliffhanger kein weiterführendes Element, sondern bildet eine Art Epilog. Es ist eine Szene, die die Welt als wieder friedlich darstellt, weil die Ordnung nach all den Konflikten und Spannungen innerhalb der Episode wieder hergestellt worden ist. Beispielsweise gibt es am Ende jeder *Star Trek*-Episode einen Witz von Spock und viele Sitcoms enden mit einem letzten Gag. Dem Rausschmeißer.

In einem Serienkonzept ist ein *Tag* eher selten vorhanden, es sei denn am Ende des Pilotexposees.

4.6 Staffelbogen

Im Falle einer horizontal erzählten Serie müssen Sie im Serienkonzept dringend einen Staffelbogen anbieten. Es gilt zu beweisen, dass die Geschichte so groß ist, dass sie über viele Episoden hinweg trägt.

Ein solcher Staffelbogen muss nicht im Detail ausgearbeitet sein, es gilt, die wichtigsten Wendepunkte im Bogen der Figur zu benennen. Was in der einzelnen Folge passiert und wie die Figur von A nach B kommt, ist nicht so wichtig. Wichtig sind die großen emotionalen Umwälzungen, die den Weg des Protagonisten bestimmen. Es muss sich am Ende der Folgen jedes Mal das Gefühl einstellen: Boah, krass. Das habe ich nicht erwartet. Das ist hart für den Protagonisten.

Versuchen Sie also immer, von der emotionalen Verfassung des Protagonisten aus zu plotten. Halten Sie sein Ziel nicht nur im Hinterkopf, sondern lassen Sie es im Staffelbogen nie aus den Augen. Versuchen Sie, den Protagonisten proaktiv zu zeichnen. Er oder sie will etwas unbedingt! Deswegen ist er gezwungen, dieses oder jenes zu tun...

Falls es sich um eine Ensembleserie handelt, können Sie auch Figurenbögen der wichtigsten Charaktere entwerfen. Wie entwickelt sich eine Figur über die Serie zum Ende hin. Was sind die entscheidenden Momente, wie verläuft die Charakterentwicklung, was lernt die Figur, wodurch tut sie das, was ist der Auslöser, was der Effekt usw. Wenn Sie also den Weg einer Figur über die Staffel hinweg beschreiben, können sie in deren Geschichte kurze Hinweise einstreuen á la »In Folge drei muss xxx bitter erkennen, dass...« und »Sie offenbart ihm, dass das gemeinsame Kind nicht seines ist (Folge 5)...« Obwohl diese neue Information einen derart großen emotionalen Impact auf die Figur haben wird, dass Sie diese Situation womöglich detaillierter ausschreiben sollten, als sie in einem Satz schnöde abzuhandeln. Es gilt schließlich, auch den Leser emotional zu packen.

Die Gefahr bei solchen Figurenbögen besteht darin, dass der Leser des Konzeptes das Gefühl bekommen kann, er wohnt mehreren Erzählungen bei. Vielleicht kann er die Geschichten nicht zusammenbringen, sieht die Verknüpfungen der einzelnen Bögen nicht – insofern sollten Sie immer darauf achten, dass es Verbindungen zwischen den Figuren und den Plots gibt.

Generell gilt: Der Staffelbogen ist ähnlich wie eine klassische Drei-Akt-Struktur konstruiert. Allerdings ist der erste Akt kürzer (1. Episode) und der klassische Tiefpunkt (Plot Point II) ist ein bis zwei Folgen vor dem Hochintensitätsfinale (letzte Folge).

Der Pilot beinhaltet selbstverständlich selbst ein auslösendes Ereignis, aber er als Ganzes ist meist mit seinem Ende das auslösende Ereignis für die ganze Staffel. Hier wird der Protagonist am Ende gezwungen sein, einen gewichtigen Schritt zu tun, der ihn in eine neue Welt oder Dimension bringt. Die Folgen eins, zwei und drei fungieren in einer solche Struktur oft als Einführung, am Ende der Folge drei steht dann (gefühlt) das Ende des ersten Akts. In Folge vier und fünf nimmt die Handlung an Fahrt auf, was im Midpoint des Staffelbogens am Ende von Folge fünf in einem großen Wendepunkt eskaliert. Folge sieben und acht sind Konfrontation und eskalieren erst recht am Ende von Folge sieben (oder sechs) im Tiefpunkt. Folge acht beinhaltet dann die Gesamtklimax, die Auflösung und ja, in den meisten Fällen, einen Cliffhanger für die nächste Staffel...

4.7 Episoden

Ein Serienkonzept für ein episodal strukturiertes Format beinhaltet zwingend eine Auswahl an Beispielepisoden. Es gilt, den Leser davon zu überzeugen, dass sich die Grundidee tatsächlich seriell tragfähig ist:

- Lassen sich genügend Geschichten finden, die das Grundschema erfüllen?
- Kann man in jeder Folge verlässlich aufs Neue einen dramatischen Konflikt etablieren?
- Hat dieser jeweils eine ähnliche Fallhöhe?
- Erwächst dieser Konflikt aus der Figurenkonstellation heraus oder was ist jeweils der Auslöser? Und: Ist dieser Auslöser jedesmal glaubwürdig? Das ist eine Frage, die sich in einem Krimi beispielsweise nie stellt. Es sei denn, ihre Hauptfigur ist kein Ermittler, der dies von Berufs wegen tut. Also kein Kommissar, Staatsanwalt, Kriminaltechniker usw., sondern ein Gärtner, Pfarrer, Bibliothekar, kurz: ein Hobbydetektiv. Dann ist es womöglich schwierig, jedesmal einen funktionieren *Katalysator* oder ein *springboard* zu finden, der bzw. das die Geschichte in Gang setzt.

Letzteres Beispiel allerdings spielt im heutigen modernen Erzählen eine geringere Rolle, erstens, weil solche *cosy crimes* eher auf dem Buchmarkt reüssieren und zweitens, weil immer horizontaler erzählt wird und zumindest gefühlt alle Streaming-Serien episch-ausufernd sind und gigantische Erzählkosmen entwerfen. Bei genauerem Hinsehen ist das allerdings nicht der Fall. Und alle (!) Fernsehsender haben den Drang, auch episodal abgeschlossene Formate anzubieten – weil eben ein Teil der Zuschauer genau auf solche Erzählungen steht. Nicht jeder will komplexe und herausfordernde Geschichten in epischer Qualität. Für manche muss es kurz, prägnant und abgeschlossen sein. Weil eben das zu einer schnellen und final-strukturierten Befriedigung führt. Und auch Menschen, die gerne horizontale Serien schauen, kennen diesen Moment: Oh, jetzt fange ich aber nicht mit der neuen Serie/neuen Staffel an. Ich bin zu müde, ich habe keine Zeit, ich will nur etwas kurzes, amüsantes, abgeschlossenes schauen und dann ins Bett.

Ergo: Episodale Serien haben weiterhin ihre Berechtigung. Was also die Darstellung von Beispielepisoden im Serienkonzept angeht: Es gilt hier, Originalität und Kreativität zu beweisen. Finden Sie möglichst viele Beispiele, die das Grundmuster bedienen, aber einander nicht zu ähnlich sind. Wenn Sie mehrere Plots haben, die beispielsweise jedesmal exakt die gleiche Ermittlungsdynamik haben, sollten Sie diese im Konzept entzerren, also andere Plots dazwischenschieben. Gleiches gilt für Episodenhauptfiguren: Wenn drei Fälle hintereinander jedes Mal eine weibliche Figur im Mittelpunkt steht, sollten Sie eine männliche dazwischenschieben, in dem Alter der Figuren extrem variieren (eine junge alleinerziehende Mutter und eine alte Rentnerin) oder besser noch das Muster komplett aufbrechen und ein Kind als Protagonisten dazwischen einfügen. Variieren Sie in Alter, Geschlecht, Hautfarbe, sozialem Hintergrund, usw. Aber natürlich nur, wenn sich das organisch aus den Geschichten ergibt. Es gilt:

Es soll sich immer ähnlich, aber nie gleich anfühlen.

Die Art der Plots lässt auch Rückschlüsse auf die zu erwartenden Kosten der Serie zu. Wenn Sie im Pilotfilm einen Thriller rund um eine Bombe in einem vollbesetzten Fußballstadium erzählen - fein. Wenn es in Folge zwei um eine Flugzeugentführung, in Folge drei um einen von Piraten gekaperten Öltanker und in Folge vier um die Sprengung eines Bahnhofes geht, sind die Fallhöhen der Episoden sehr wahrscheinlich gleich, aber das Format insgesamt sicherlich zu teuer...

Welche Episodenplots Sie auch immer entwickeln, abgesehen vom Inhalt sollten Sie sich immer dieses fragen, bei jeder Episode:

- Was will der Protagonist?
- Warum will er das?
- Wer steht ihm entgegen?
- Was ist das Risiko?
- Was ist die Angst?
- Wie entwickelt sich der Protagonist zum Ende hin?

Konzeptbeispiel

Hindafing

(Originaltitel: *Willkommen in Hindafing*)
Produktionsfirma: Neuesuper

Synopsis

Willkommen in Hindafing ist eine komisch-dramatische Serie, deren sechs Episoden auch für sich genommen betrachtet werden können, insgesamt aber einen horizontalen Erzählbogen ergeben, der wie in einem Roman den Geschichten verschiedener Einwohner des fiktiven Ortes Hindafing folgt. Anhand dieses Mikrokosmos entwirft die Serie ein zeitgemäßes, satirisch überspitzes Bild des ländlichen Bayern abseits von touristischen Klischees. Wir erzählen von einem Ort, nicht Stadt, nicht Land, der sich moderner und fortschrittlicher gibt, als er tatsächlich ist. Wir erzählen von Menschen, die traditionsbewusste und weltoffene Bürger und mustergültige Familienmenschen sein wollen – und an diesen hohen Ansprüchen an sich selbst zu scheitern drohen. Im Vordergrund steht der Aufstieg und Fall des schlitzohrigen Provinzbürgermeisters **Alfons Zischl**, gespielt von Maximilian Brückner.

Die kleine Gemeinde Hindafing, irgendwo zwischen Ingolstadt und Regensburg, inmitten veralteter Industrie und touristisch kaum erschlossen, versucht ein neues Image als Spargelstandort aufzubauen. Der junge Bürgermeister Alfons Zischl Junior und der unternehmerische Landwirt **Sepp Goldhammer** verfolgen schon länger den ehrgeizigen Plan, in ihrem Ort ein modernes Shoppingcenter zu errichten, das vom Erfolg des Wellness- und Ökotrends profitiert: Das Donau Village. Der größte Verkaufsschlager dort soll Goldhammers Bio-Spargel werden.

Doch dann macht die Landespolitik Zischl einen Strich durch die Rechnung: Hindafing muss um die 50 Flüchtlinge aufnehmen, die in einer Containersiedlung auf dem Baugelände Zuflucht finden sollen. Damit Zischl Junior sich darauf einlässt, verspricht der joviale Landrat **Pfaffinger** ihm Zugriff auf verschwundene Schwarzgelder des verstorbenen Alfons Zischl Senior, bricht dieses Versprechen jedoch wieder.

Wenn Zischl aus seinen immensen Schulden herauskommen will, muss er das *Donau Village* unbedingt doch noch bauen - also muss er die Flüchtlinge so schnell wie möglich wieder loswerden oder anderswo im Dorf unterbringen. Das wird schwierig, denn der einflussreiche Obervereinsmeier des Ortes, **Karli Spitz**, hat Zischl nun zu seinem persönlichen Feind erklärt und macht gegen ihn sowie gegen die Flüchtlinge Stimmung. Noch dazu stehen die Bürgermeisterwahlen kurz bevor. Wenn Zischl die verliert, kann er sich auch die Pläne für das *Donau Village* abschminken!

So folgen wir Zischls diversen Versuchen, eine Lösung für sein ganz eigenes ›Flüchtlingsproblem‹ zu finden, bei denen er sich in immer ausweglosere Situationen verstrickt. Doch die Ankunft der Flüchtlinge und die damit entstehenden Turbulenzen in dem biederen Dorf geben den Anstoß für zahlreiche weitere Geschichten:

Da ist die Familie Goldhammer, die versucht, ihre Landwirtschaft mit der Umstellung auf biologisch-dynamischen Landbau zu retten, und sich dabei mit den absurden Auflagen eines Öko-Siegels herumschlagen muss. Da ist der junge, ebenso enthusiastische wie unerfahrene **Pfarrer Krauss**, dem eine tragische Liebesgeschichte mit einem jungen Somalier bevorsteht. Da ist der türkischstämmige Dorfpolizist **Erol Yildirim**, der sich alleinerziehend um seine beiden Kinder kümmert und spießiger, korrekter und deutscher als jeder Deutsche sein will. Da ist die junge, von allen begehrte Wirtin **Jackie Spitz**, die vor acht Jahren nach einer wilden Nacht auf dem Herbstfest schwanger wurde, und sich nicht daran erinnern kann, wer der Vater ihrer Tochter ist.

In Hindafing bewahrt man nach außen das Bild der heilen Welt und der gesunden Familie, hat aber ganz schön mit sich selbst zu kämpfen. Der Kleingärtnerverein pflanzt im Schatten eines gigantischen Umspannwerks seine Zucchini an, man geht in den Fußballverein und zum Hot-Yoga, der Metzger und der Bäcker kämpfen um ihre Existenz, dafür gibt es einen Swinger-Club, einen Crystal-Meth-Dealer und jede Menge anderer düsterer Geheimnisse...

Willkommen in Hindafing setzt sich mit der aktuellen Flüchtlingsproblematik auseinander, bleibt aber thematisch keinesfalls darauf beschränkt. Die Serie ist kein eindimensionales politisches Statement, sie nimmt latenten Rassismus ebenso aufs Korn wie Spezlwirtschaft, Ökowahn und übertriebenes Gutmenschentum – getragen von einem hochkarätig besetzten Ensemble, dessen Figuren bei all ihren Fehlern nie ihre Menschlichkeit verlieren, so dass wir bei all ihren Irrungen emotional mit ihnen mitgehen können.

Die Figuren

Alfons Zischl (38; Maximilian Brücker) ist vermutlich nur wegen seines einflussreichen Vaters schon in recht jungen Jahren Bürgermeister geworden und versucht seitdem, durch ein eigenes, großes Projekt aus dem Schatten des Seniors zu treten. Gleichzeitig ist er sehr anfällig für die Verlockungen des Geldes und daher im ständigen Widerstreit mit sich selbst, ob er den aufrechten oder den profitablen Weg gehen soll. Diesen inneren Druck versucht er mit dem Konsum von Crystal-Meth zu kompensieren, was einen noch energetischeren, getriebeneren Menschen aus ihm macht. Zischl ist ein Schlitzohr, aber auch ein begnadeter Redner und ein liebender Ehemann.

Marie Zischl (35; Kathrin Röver), die bildschöne Ehefrau von Alfons, kommt aus der Stadt und sucht in Hindafing nach einer eigenen Aufgabe. Sie macht ehrenamtlich Maltherapie im Altenheim und träumt davon, eine Kunstgalerie eröffnen, scheitert aber immer wieder am mangelnden Interesse des dörflichen Umfelds. Wenn es aber wirklich darauf ankommt, kann Marie auch große Stärke und Durchsetzungskraft entwickeln und sich den Eskapaden ihres Mannes in den Weg stellen.

Alfons' Mutter **Rosemarie Zischl** (75) hat lange Jahre als Gattin eines Landrates ein Leben als bajuwarische Grand Dame geführt. Bedingt durch ihre extreme Altersdemenz ist davon nur noch eine herrische Attitüde übrig geblieben: Sie hält das Altersheim, in dem sie untergebracht ist, für ein schäbiges Hotel und ist stocksauer auf Sohn und Ehemann, die ständig vergessen, sie von dort abzuholen. Noch dazu kann sie fluchen wie ein Fischweib!

Sepp Goldhammer (53; Andreas Giebel) hat den Hof seines Schwiegervaters übernommen und mehr aus wirtschaftlichen als aus idealistischen Gründen auf Öko-Betrieb umgestellt. Auch sein Engagement als Trainer im Fußballverein dient eher Imagegründen. Nach außen ist Sepp ein kerniger und starker Typ, doch innerhalb der Familie steht er unter der Fuchtel seines Schwiegervaters, muss die ständigen Seitensprünge seiner Frau ebenso schlucken wie den völligen Autoritätsverlust gegenüber seinem Sohn Moritz.

Gabi Goldhammer (49; Petra Berndt) lebt an der Seite ihres Mannes auf dem Hof ihrer Eltern und leidet unter den Spannungen zwischen ihrem Mann und ihrem Vater. Sie hat einen eigenartigen Weg gefunden, das zu kompensieren: Nachts sucht sie auf Parkplätzen an der Autobahn den schnellen Sex mit durchfahrenden Truckern. Doch die streng katholisch erzogene Gabi drückt deshalb auch das schlechte Gewissen. So tut sie sich in der Gemeinde als besonders christlich und karitativ hervor, in dem sie jede Woche zur Beichte erscheint und jedem Hindafinger die Patenschaft für ein afrikanisches Kind aufs Auge drücken will. Die Ankunft der Flüchtlinge eröffnet ihr ganz neue Möglichkeiten, sich in alles einzumischen und Leute zu missionieren.

Moritz Goldhammer (23; Roland Schreglmann), der Sohn von Sepp und Gabi, hat schon seit langer Zeit seine Wutanfälle nicht so recht unter Kontrolle. Damit er überhaupt noch in der Fußballmannschaft als Stürmer mitmachen darf, musste er bereits mehrere Lehrgänge in GFK (Gewaltfreie Kommunikation) hinter sich bringen. Er hat schon zwei Ausbildungsstellen abgebrochen, sieht weder in Hindafing noch in der Stadt für sich eine Zukunft - und ist heimlich aber bis über beide Ohren in die Gattin des Bürgermeisters verschossen. Schließlich glaubt er, ausgerechnet als Wachmann im Flüchtlingsheim seine Bestimmung gefunden zu haben.

Karli Spitz (62), alteingesessener Hindafinger, verwitwet und Vater zweier Kinder, ist so etwas wie die moderne Version eines Großbauern: Er betreibt einen Großhandel für Landwirtschafts- Bedarf, ist Gründer und Vorstand des Fußballvereins, hat seiner Tochter **Jackie Spitz** (33) die Bewirtschaftung der zum Vereinsheim gehörenden Kneipe übertragen und dafür gesorgt, dass sein Sohn **Felix Spitz** (35) zum Leiter der Freiwilligen Feuerwehr aufgestiegen ist. Vom Schützenverein über die Kaninchenzüchter bis zum Kegelclub: Spitz ist überall Mitglied. Er ist Stimmungsmacher und Stimmungsbarometer für ganz Hindafing, Stammtischpolitiker aus Passion und wird sich zum gefährlichsten Gegenspieler Zischls entwickeln.

Die patente und verführerische Tochter Jackie, für die die meisten Männer im Ort heimlich schwärmen, hat mit ihrer unehelichen Tochter zwar den vorbildlichen Ruf der Familie angekratzt, doch Karli hat seine Enkelin **Jasmin** (8) schließlich doch in sein Herz aufgenommen.

Der stramme ›Feuerwehr-Felix‹ ist der begehrteste Junggeselle im Dorf und – was natürlich niemand ahnen kann – in Wirklichkeit nicht nur Jasmins Onkel sondern auch ihr Vater.

Pfarrer Krauss (35; Michael Kranz) ist frisch aus dem Priesterseminar nach Hindafing versetzt worden, noch recht unsicher bei seinen Predigten, und versucht aufrecht und mit Enthusiasmus die Menschen in Hindafing wieder für Gott zu begeistern. Er glaubt an Christus, ist aber auch modern und aufgeschlossen, wagt es jedoch noch nicht, manche Lehre des strengen Katholizismus öffentlich in Frage zu stellen. Krauss lebt aber ein recht unkonventionelles Privatleben, hält sich nämlich nicht an das Zölibat, sondern lebt seine leidenschaftlichen Affären auch körperlich – mit anderen Männern! Mit ihm erleben wir eine zwar tragische aber auch zarte, aufrichtige und berührende Liebesgeschichte.

Erol Yildrim (46; Adnan Maral) war lange Polizist in München und hat dort seine eigenen Kollegen wegen Bestechlichkeit angezeigt. Daraufhin ist er nach Hindafing versetzt worden. In dieser ruhigen Gemeinde ist zwar wenig Bedarf für seinen kriminalistischen Übereifer, dafür aber scheint es ihm der perfekte Ort zu sein um seine Kinder, die er über alles liebt, den frühreifen **Tommy** (8) und die unter Epilepsie leidende **Pamina** (12), in einem sicheren, stabilen Umfeld mit hohem Bildungsniveau großzuziehen. Um als alleinerziehender Türke in Hindafing akzeptiert zu werden, ist Erol angepasst und integriert bis zur Selbstverleugnung, folgt den Buchstaben des Gesetzes bis zum letzten Komma und wäre der erste, der allen Flüchtlingen einen kriminellen Hintergrund zutraut.

Landrat Pfaffinger (54; Jockel Tschiersch) ist in gewisser Weise ein Negativbild dessen, was aus Zischl werden könnte: Bräsig, jovial und selbstverliebt agiert Pfaffinger eher als Geschäftemacher denn als Politiker und dirigiert aus der Ferne, meistens aus einer Sauna, einem Whirlpool oder einem Massagesalon heraus, die Geschicke Hindafings, indem er Zischl immer wieder als Marionette für seine Pläne instrumentalisiert und zu zwielichtigen Geschäften verlockt. Sein überkorrekter **Sekretär Schrüll** (43; Christian Lex) ist von seiner Seite nicht wegzudenken.

Nabil (37) aus dem Libanon durchläuft die Mühlen der deutschen Asylpolitik schon seit so vielen Jahren, dass er zu einer Art Gewerkschaftssprecher der Flüchtlinge aufgestiegen ist. Er weiß zehn Mal besser als jeder zuständige Beamte, welche baulichen und organisatorischen Vorschriften in den Unterkünften eingehalten werden müssen und sorgt dafür, dass alle Asylsuchenden in Hindafing zu ihrem Recht kommen. Dabei ist er allerding genauso ein Schlitzohr wie Zischl und entdeckt recht schnell, wie man dessen Gunst gewinnen und für den eigenen Vorteil ausnutzen kann.

Yassir (61), ein weißbärtiger Syrer mit dem wettergegerbten Gesicht eines welterfahrenen Mannes, ist die zweite Autoritätsfigur unter den Flüchtlingen. Er kennt den Koran besser als jeder Deutsche die Bibel und erweist sich unerwarteterweise als die einzige Person im ganzen Ort, der es gelingt, Moritz Goldhammer emotionalen Halt zu geben.

Amadou (30) aus Somalia musste als Homosexueller aus seiner Heimat fliehen. Er ist ein begnadeter Maler und sein Talent erweist sich für ihn erst als Segen, als Pfarrer Krauss ihn als Kirchenmaler anstellt und liebevoll unter seine Fittiche nimmt - dann aber als Fluch, als auch andere sein Talent als Künstler für sich ausnutzen wollen.

Joy (28) musste in ihrer Jugend in Nigeria früh lernen, sich in einer gnadenlosen Männerwelt zu behaupten. Sie ist aufbrausend und zupackend und in der Lage, jedem übergriffigen Mannsbild einen Denkzettel zu verpassen - eine Eigenschaft, die ihr als Krankenpflegerin nur bedingt weiterhilft.

Die Folgen

1. Donau Village: Pfaffinger überredet Zischl dazu, in die schon bereitstehenden Wohncontainer für die Bauarbeiter des Donau Village Flüchtlinge aufzunehmen. Statt dem Profit aus dem Donau Village lockt Pfaffinger Zischl mit den illegalen Millionen des gerade verblichenen Alfons Zischl Senior, auf dessen Beerdigung (die erste für Pfarrer Krauss) wir die Bewohner von Hindafing kennenlernen. Mühsam und mit einigen Rückschlägen gelingt es Zischl schließlich, durch einen Appell an die Menschlichkeit, seine Wähler zur Aufnahme der Flüchtlinge zu bewegen. Als Zischl am Ende herausbekommt, dass die Steuersünden seines Vaters aufgeflogen sind und ihm der von Pfaffinger versprochene Zugang zum Schwarzgeldkonto damit verwehrt ist, sind die Flüchtlinge bereits in der Containersiedlung angekommen und werden von den Hindafingern mit ganz gemischten Gefühlen begrüßt.

2. **Spezlwirtschaft**: Zischl fasst einen Plan: Wenn es ihm gelingt, die Flüchtlinge statt auf dem Baugelände anderswo in Hindafing unterzubringen, kann er das Donau Village doch noch bauen. Zunächst muss er sich dazu wieder mit seinem Spezl Sepp Goldhammer versöhnen, der ihm besonders krumm nimmt, dass auf dem Gelände, welches er der Gemeinde als Baugrund überschrieben hat, jetzt Flüchtlinge hausen. Gemeinsam mit Sepp versucht Zischl, Karli Spitz davon zu überzeugen, das Vereinsheim des Fussballclubs für die Asylanten zur Verfügung zu stellen. Dazu operiert Zischl mit allerhand windigen Versprechungen - bis ausgerechnet Gabi Goldhammer aus christlicher Nächstenliebe gegenüber den Flüchtlingen sein Intrigenspiel auffliegen lässt. Sepp Goldhammer kämpft währenddessen um sein Öko-Siegel, Pfarrer Krauss um Anerkennung in der Gemeinde und Polizist Erol um das Sorgerecht für seine Kinder.

3. **Die hohe Kunst:** Um den Einfluss von Gabi Goldhammer auf die Flüchtlinge einzudämmen, erklärt Zischl seine Frau Marie zur Leiterin der Unterkunft - woraufhin sich Moritz Goldhammer als Wachmann zur Verfügung stellt, dessen rabiater Umgang mit seinen Schutzbefohlenen aber schnell für gereizte Stimmung sorgt. Marie bekommt das nicht mit, denn sie ist damit beschäftigt, das künstlerische Talent des jungen Afrikaners Amadou zu entdecken und zu fördern. Zischl dagegen will die explosive Lage für sich nutzen, um einen Zwischenfall zu provozieren, der dafür sorgt, dass die Behörden (namentlich in Gestalt von Erol) die Flüchtlingsunterkunft schließen. Zischl versucht sich hinterrücks erst in geistiger, dann sogar in tatsächlicher Brandstiftung, doch beides geht nach hinten los. Nach einem durch betrunkene Feuerwehrleute verhinderten Brand der Unterkünfte erklärt sich ein Großteil der Bürger mit einer Lichterkette solidarisch mit den Flüchtlingen und bremst damit sogar die xenophobe Agitation von Karli Spitz aus.

4. Panzerschokolade: Hindafing ist inzwischen in die Schlagzeilen geraten, Zischl nutzt die mediale Aufmerksamkeit für sein Programm, die Flüchtlinge mit Hilfe temporärer Arbeitserlaubnis in die Gemeinde zu ›integrieren‹ - und sie damit nach und nach vom Baugrund zu entfernen. Karli Spitz hält dagegen und stellt sich zum Gegenkandidaten für die Bürgermeisterwahl auf. In dieser Drucksituation wird es für Zischl zum großen Problem, dass Marie seinen Vorrat an Crystal Meth vernichtet hat. Um an Nachschub zu kommen unternimmt gemeinsam mit Nabil er eine Reise nach Tschechien, die sich zum totalen Desaster entwickelt: Nabil will auf der Rückfahrt seinen Cousin illegal nach Deutschland bringen, sie geraten fast in eine Kontrolle und setzen schließlich schwimmend über einen Grenzfluss zurück nach Deutschland über. Dabei vernichtet Zischl unwissentlich drei Gemälde von Amadou, für die Marie einen schwindelerregenden Verkaufspreis erzielt hätte.

5. Schwein muss man haben: Am Vorabend der Bürgermeisterwahl liegt Spitz in Führung, so dass sich Zischl in seiner Verzweiflung zum bisher windigsten Plan seiner Karriere hinreißen lässt: In einer Scheune auf Goldhammers Hof sollen die Flüchtlinge Wahlzettel fälschen. Gleichzeitig glaubt Polizist Erol, terroristischen Bombenbastlern auf der Fährte zu sein - er kann ja nicht wissen, dass hinter den verdächtigen Großeinkäufen von Kunstdünger keine Islamisten stecken, sondern Sepp Goldhammer, der es mit den Öko-Auflagen nicht so genau genommen hat. Erol stürmt in einer überstürzten Aktion in die Scheune. Ein Schuss löst sich, der ausgerechnet Amadou das Leben kostet. Zischl, Goldhammer und Erol müssen jetzt in einer Nacht- und Nebelaktion Amadous Leiche beseitigen, damit ihre krummen Touren sowie Erols ebenso unbegründeter wie ungekonnter Schusswaffengebrauch nicht auffliegen. Doch das erweist sich als komplizierter als gedacht, bis der patente Schwiegervater von Goldhammer eingreift und die Leiche im gleichen Weiher entsorgt wie seine alten Autoreifen.

6. Fracking: Ein ganz unerwarteter Umstand rettet die Bürgermeisterwahl für Zischl: Karli Spitz hat einen Vaterschaftstest für Jasmin machen lassen, denn er glaubte, Zischl als Vater seiner Enkeltochter und damit als Lügner und Ehebrecher überführen zu können. Als aber herauskommt, dass Jasmin die Frucht der Geschwisterliebe seiner eigenen Kinder Jacke und Felix ist, zieht Karli Spitz seine Kandidatur zurück, um jeden Skandal zu vermeiden. Zurück im Amt glaubt sich Zischl wieder fest im Sattel: Die letzten Flüchtlinge sind ›integriert‹, der Baugrund wieder frei – und Zischl lässt sich auf das nächste unmoralische Angebot von Pfaffinger ein: Er lässt auf dem Baugrund Probebohrungen nach Erdgas durchführen, das eine amerikanische Firma hier durch Fracking abbauen will. Doch dabei taucht die Leiche von Amadou wieder auf und sorgt noch einmal für große Turbulenzen in Hindafing: Marie hat ihren Protegé, Pfarrer Krauss seinen Geliebten verloren, Gabi Goldhammer hält ihren Sohn für den Mörder und Zischl, Erol und Goldhammer müssen erneut fürchten, aufzufliegen. Jetzt wird es für alle Figuren Zeit, die Konsequenzen aus den Ereignissen zu ziehen...

5. Der Pilot

Der Pilot ist die wichtigste Episode der Serie. Er muss viele entscheidende Bedingungen erfüllen. Er muss den Zuschauer in die Serie hineinziehen. Er muss es daher fertigbringen, dass der Zuschauer eine Bindung zu der Hauptfigur aufbaut, dass deren Kernproblem greifbar ist und im Zuschauer der Wunsch entsteht, die Figur möge dieses Problem endlich lösen. Sprich: Wir müssen eine emotionale Beziehung zu der Figur und damit zu der Serie aufbauen. Sie als Autor müssen leisten, dass der Leser emotional involviert wird, dass er Spannung, Lust, Traurigkeit, meinetwegen Ärger (zum Beispiel über eine Ungerechtigkeit) verspürt. Falls Ihnen dies in einer überzeugenden Einstiegsfolge für die Serie nicht gelingt, wird Ihr Format niemals eine Chance haben.

Wie bereits angesprochen, entscheidet sich ein Zuschauer in den ersten Minuten unbewusst, ob er die Serie weiter schauen wird oder nicht. Durchschnittlich gibt der Zuschauer einer Serie eine Chance von 10 Minuten, wenn dann seine Vorstellungen nicht erfüllt sind oder er nicht *gehookt* ist, schaltet er um. Dies bedeutet der Teaser zu Anfang des Piloten muss stark genug sein. Dann lässt der Zuschauer sich auf die ersten Minuten der Erzählung ein. Dann aber muss man dem Zuschauer ein weiteres Element bieten, was in ihm eine Frage aufwirft, einen Spannungsbogen etabliert, ihm eine Orientierung für das zu Erwartende bietet: Das auslösende Ereignis. Dieses sollte zwingend auf den ersten 20 Seiten des Pilotbuches (ergo: sehr schnell im Pilotexposee) stattfinden. Erst dieses Ereignis - ist es packend, spannend, ungewöhnlich, emotional aufwühlend genug? - wird dazu führen, dass der Zuschauer weiter schaut. Einen starken Einstieg und das bald darauf folgende auslösende Ereignis haben wir natürlich auch in einem klassischen Film - allerdings sind die Unterschiede zwischen Kinofilm und Fernsehserie relevant: Im Kino hat man Eintritt bezahlt, ist in einer ungestörten Konsumsituation (alle Konkurrenzangebote wie andere Sender, das Handy, das Tablett oder auch Gespräche mit dem Partner, der Familie, dem Mitbewohner, was auch immer, sind ›zum Schweigen gebracht‹ gebracht. Im Kino haben wir also mehr Zeit, den Zuschauer in die Geschichte hineinzuführen. Bei einer Serie nicht. Daher müssen der Einstieg prägnanter und das auslösendes Element schneller erfolgen.

Ein Pilotexposee ist ein wesentlicher Bestandteil eines Serienkonzepts. Es ist selten so lang, wie ein klassisches Exposee, sondern oft nur zwei bis fünf Seiten. (Vgl. dazu aber auch die ausführliche Darstellung des Piloten im folgenden Konzept *Wild Republic.*) Da Sie aber schon im Vorfeld im Konzept in die Figuren und die Grundidee eingeführt haben, kann man das Exposee auch entsprechend kürzer schreiben – viele Informationen sind ja schon gegeben, sie müssen die Figuren oder die Welt nicht mehr genau beschreiben.

Für den Einstieg ins Pilotexposee gilt dasselbe wie für den Piloten als Einstieg zur gesamten Serie selbst: Je besser, je greifbarer, je packender der Einstieg, desto besser. In vielen Fällen empfiehlt es sich deshalb, mit einem Erzählmoment zu beginnen. Eine Szene, in der natürlich (!) die Hauptfigur beteiligt ist. Vielmehr: Es sollte *ihre* Szene sein. Vergessen Sie nicht: Sie steuern durch die Informationen, die Sie vergeben, die Wahrnehmung des Zuschauers, bzw. des Lesers. Wir alle wollen uns ständig orientieren, wir wollen wissen, in welchem Rahmen wir uns befinden, was wichtig ist, wer wichtig ist, an welche Regeln wir uns halten können, oder besser gesagt: welche Richtlinien in dieser bestimmten Situation anscheinend gelten. Innerhalb dieses Raumes, den Sie mit ihrer Geschichte entwerfen, können Sie dann frei und in jede Richtung agieren – aber zunächst sucht der Leser Halt in der Geschichte. Und er bekommt jetzt zu Beginn seines Leseprozesses eine Figur präsentiert, von der er natürlich ausgeht, dass sie wichtig ist. Dass sie ihn bis zum Ende der Serie begleiten wird. Und dann stellt sich heraus, dass es nur eine Nebenfigur ist? Sogar eine völlig unwichtige meinetwegen? Sie würden den Leser vollkommen verwirren, wenn Sie ihm danach erst die eigentliche Hauptfigur präsentieren.

Im Idealfall zeigt der Einstieg in das Exposee die Figur in Aktion. Vielleicht sogar in Action. In diesem ersten Erzählmoment sollten Sie die Figur mit einem Problem konfrontieren, dass sie auf ihre eigene (am besten originelle und womöglich mitreißende) Art bewältigt. Hier sollten hier die Figur und ihre eigene, spezielle Perspektive sichtbar werden.

Ob sie diesen Einstiegsmoment als Dialogszene schreiben (siehe das entsprechende Kapitel) oder als Fließtext, sei Ihnen überlassen. Falls Sie szenisch arbeiten (was ja auch ohne Dialog möglich ist, einfach durch die Art, wie detailliert Sie das Geschehen beschreiben. Oder genauer: *erzählen*), sollten Sie darauf achten, dass die Szene einen emotionalen Bogen hat. Und das bedeutet dann natürlich auch, dass sie einen emotionalen Höhepunkt hat.

Generell sollten Sie immer darauf achten, dass Sie immer den Plot vorantreiben. Zuschauer (und Leser) wollen, dass die Handlung voranschreitet, sie brauchen also immer neue Informationen. Fehlen diese, hat man das Gefühl, die Geschichte retardiert. Ist diese Phase zu lang, stellt sich Langeweile ein. Ist die Langeweile zu groß, schaltet der Zuschauer weg. Oder der Leser bricht die Lektüre ab. Und selbst wenn er dies nicht tut, seine Begeisterung für den Stoff ist erst mal geschmälert. Und das wollen wir nicht.

Ein Tipp für Einsteiger: Nehmen Sie sich vor, das Exposee auf vier Seiten zu schreiben. Die erste Seite behandelt den ersten Akt. Versuchen Sie, am Ende der ersten Seite mit dem ersten Plotpoint zu enden, setzen Sie also einen Cliffhanger am Ende der Seite. Das bringt den Leser dazu, umblättern zu wollen. Seite 2 und 3 behandeln Akt 2 (oder in einer Vierakt-Struktur: Akt 2 und 3) und beenden Sie die dritte Seite wieder mit einem Cliffhanger - dem Tiefpunkt, also Plot Point 2. Seite 4 behandelt dann die Auflösung, das Finale - also den letzten Akt.

Das mag sehr formalistisch wirken und soll keinesfalls eine zwingende Vorgabe sein. Es mag aber helfen, eine Geschichte für sich (und den Leser) klarer zu strukturieren.

Am Ende des Piloten muss der Leser wissen:

- Wer ist der Protagonist?
- Was will er/sie?
- Was ist der zentrale Konflikt?
- Wer sind die wichtigsten Figuren?
- Wie sind die Verbindungen der Figuren zueinander?
- Nach welchen Regeln funktioniert die Welt der Geschichte?
- Was ist das Genre?

Konzeptbeispiel

Wild Republic

Von Arne Nolting, Jan-Martin Scharf und Klaus Wolfertstetter
Produktionsfirma: Lailaps Pictures, X Filme, handwritten Pictures GmbH

Kurzsynopsis

Mitten in der unwegsamen Landschaft zu Füßen der Alpenkette: Eine Gruppe von jugendlichen Intensivtätern soll durch eine erlebnispädagogische Maßnahme an die Resozialisierung herangeführt werden. Da geschieht es: Ein Mitarbeiter kommt gewaltsam zu Tode. Keiner weiß, was genau passiert ist und die Jugendlichen stehen vor einer schweren Entscheidung: Auf die Entdeckung des Toten und die Aufklärung der Tat durch die Behörden warten? Oder fliehen und das Schicksal in die eigene Hand nehmen?

Die Jugendlichen haben wenig gemeinsam, aber eines vereint sie: Sie haben verdammt schlechte Erfahrung mit Behörden und Justiz gemacht und kein Vertrauen darauf, dass sie fair behandelt werden. Da sie selbst nicht wissen, wer der Täter ist, bleibt ihnen nur eine Wahl: Sie fliehen in die einzig mögliche Richtung – immer weiter und höher in das Alpenmassiv. Ihre Flucht scheint ein aussichtsloses Unterfangen, bis sie auf die Überreste einer Bunkeranlage aus dem ersten Weltkrieg stoßen, in deren Tunnelsystem sie sich verstecken und vor Wind, Wetter und Verfolgern schützen können. Unter der Führung des charismatischen Ron gründen sie dort ihren eigenen Staat.

Und schon bald müssen die notorischen Gesetzesbrecher entscheiden, was zu tun ist, wenn ihre eigenen Gesetze gebrochen werden...

Die Idee

Eine Gruppe jugendlicher Straftäter flieht vor dem Staat.
... und gründet einen eigenen.

Das Format

Horizontal erzählte Dramaserie mit 8 x 45-minütigen Episoden.

Die Geschichte

In der rauen Umgebung der Bergwelt zu überleben und dabei harten Regeln unterworfen zu sein - sicher kein Traumurlaub, aber die allerletzte Chance für die zwanzig Jugendlichen aus ganz Deutschland. Denn die verurteilten Straf- und Intensivtäter müssen in dieser Zeit zeigen, dass sie resozialisierbar sind. Nur so können sie verhindern, dass sie die Haftstrafen antreten müssen, zu denen sie für ihre Taten verurteilt wurden - oder eine Hafterleichterung erhalten. Sie standen vor der Wahl: Trial oder Trail - und jeder hier hat sich für den Trecking-Pfad entschieden. Und ab diesem Moment gilt: Lasst euer altes Leben hinter euch, dies ist der Beginn von einem neuen!

Die Motivation ist unterschiedlich hoch, die Schwierigkeiten mit dem strikten Reglement groß. In einheitlicher Funktionskleidung, mit Zelt und schwerem Gepäck auf dem Rücken marschieren die Jugendlichen durch unwegsames Gelände und müssen immer wieder gemeinsam Aufgaben bewältigen. Die ›erlebnispädagogische Verhaltenstherapie‹ soll ihre soziale Kompetenz stärken und ihr Verantwortungsgefühl entfachen. Doch das will in den ersten Tagen überhaupt nicht gelingen. Die schwierigen und aufbrausenden Charaktere bringen die Betreuer an die Grenzen ihrer Fähigkeiten.

Dann geschieht die Tragödie: Der Leiter der Maßnahme wird von den Jugendlichen ermordet aufgefunden!

Niemand hat mitbekommen, was passiert ist, aber den Jugendlichen ist klar, dass sie alle verdächtig sind. Ihre Situation ist desolat: Niemand wird ihnen glauben, sie selbst wissen nicht, wer der Täter ist. Ist es wirklich einer von ihnen? Trotz größten gegenseitigen Misstrauens beschließen sie gemeinsam zu fliehen. Was haben sie jetzt noch zu verlieren?

Der charismatische Ron übernimmt die Führung. Er ist schon lange von der Idee einer alternativen Gesellschaft überzeugt und sieht eine echte Chance. Die Bergwelt bietet einen natürlichen Rückzugsraum und die Möglichkeit, über die Landesgrenzen den Verfolgern auszuweichen. Die Gruppe lässt sich auch mangels Perspektiven überzeugen und bricht auf.

Im letzten Moment stellt sich ihnen die Sozialarbeiterin Rebecca in den Weg. Sie kann die Gruppe nicht mehr aufhalten, also besteht sie darauf, sie zu begleiten. Wie mit ihr umzugehen ist, ob sie Geisel, Gefangene oder Gefährtin ist, gehört von Anfang an zu den heftigsten Streitpunkten in der Gruppe. Und die Sozialpädagogin macht es ihnen nicht leicht, indem sie versucht, Einfluss auf einzelne Jugendliche zu nehmen.

Anarchie: Bis das Todesopfer gefunden wird, haben die Jugendlichen Zeit, möglichst weit in die Alpen vorzudringen und ihre Spuren zu verwischen. Aber mangels alpiner Grundkenntnisse und den eher hinderlichen Egos werden schon einfachere Aufgaben zur Nervenprobe. Die Berge verzeihen keine Fehler – und die Jugendlichen machen zu viele.

Außerdem hat die Gruppe ein gigantisches Potential zur Implosion – ein kleiner Funke reicht, um die Nerven dieser speziellen Charaktere freizulegen. Die permanente Extremsituation verstärkt die Konflikte und zwingt die Jugendlichen gleichzeitig zur Selbstkontrolle.

Um eine echte Überlebenschance zu haben, müssen sie zusammenhalten – das sieht bald jeder ein. Auf den Hochebenen der Alpen müssen sie zwar weniger Angst vor Entdeckung haben, aber hier sind sie der rauen Natur in ihrer ganzen Gewalt ausgeliefert. Wetterwechsel, Felsstürze und eine Verletzung bringen sie dazu, ihr Scheitern einzugestehen. Dann machen sie eine rettende Entdeckung: Sie stoßen auf eine weitläufige Bunkeranlage, einem Relikt des 1. Weltkriegs. Beunruhigend: Sie finden auch Vorräte, die erst in der letzten Zeit angelegt wurden. Je weiter sie im späteren Verlauf in das Höhlensystem vordringen, desto sicherer werden sie, dass sie hier nicht alleine sind....

Der versteckte Bunker ist allerdings der perfekte und vielleicht einzige Ort, an dem sie trotz einer anlaufenden Suchoperation der Behörden nicht gefunden werden.

Doch damit fangen die Schwierigkeiten erst an: Die Nahrungsversorgung muss sichergestellt werden, wilde Tiere im Zaum gehalten werden, die Berge fordern ihren Tribut und die Befürchtung, dass sie nicht alleine sind, wird wahr: Eine Gruppe von Reichsbürgern nutzt die Bunker als Waffen und Materiallager und hat etwas gegen die Eindringlinge.

Dazu schließlich der ›Gipfel-Koller‹: Mit jedem Tag wachsen die Konflikte in der Gruppe. Es gibt nur eine Chance, diese in den Griff zu kriegen: Eigene Gesetze.

Vision: Nachdem es zu Zwischenfällen und einem schweren sexuellen Übergriff gekommen ist, sind sich alle einig, dass es dringend nötig ist, sich gemeinsamen Regeln zu unterwerfen. Was die Gruppe vereint, ist ihre gemeinsame Erfahrung, als Täter zu gelten, sich selbst aber als Opfer zu fühlen. Ihr Leben durchzieht die schmerzlich prägende Erfahrung zu Unrecht verurteilt zu werden. Gleichzeitig haben sie erfahren, wie wirkungslos Strafen sind, die nicht ernsthaft wehtun. Und wie wirkungslos Autoritäten sind, die sich nicht schonungslos behaupten. So finden sie Gefallen an Rons Vision: Die Gründung einer freien Republik mit den Gesetzen und Regeln, die sie selbst beschließen und durchsetzen werden.

Die Gerichtssituation ist ein zentrales Moment der Serie: Hier ringen die Figuren ernsthaft mit Wahrheit und Gerechtigkeit, gerade weil sie so negative Erlebnisse gehabt haben. Was für viele anfangs nur ein Mittel zum Zweck war, erfüllt die Jugendlichen plötzlich mit Sinn. In ihrem ›Staat‹ gibt es niemanden, dem sie die Verantwortung zuschieben können. Sie selbst tragen die Verantwortung und können sich deshalb mit ihrem Land, ihrer Flagge, ihrer Vision identifizieren. Doch ihre Gefühle haben sie nicht unter Kontrolle. Liebe und Hass lassen sich keinen Gesetzen unterwerfen. Und damit sind ›Staatsaffären‹ vorprogrammiert...

Failed State? Ihre Regeln klingen archaisch, aber die neuen Bürger dieser Republik glauben daran. Natürlich sind die Schwierigkeiten sofort da und führen zu harten Prüfungen und Entscheidungen. Bald laufen Absprachen, Verschwörungen und Machtspiele ab. Die ursprünglich flache Hierarchie weicht einem kleinen Zirkel von Entscheidern. Eine entstehende Opposition wird diffamiert und mundtot gemacht, eine Abspaltung droht, der innere Konflikt droht die gemeinsame Vision zu sprengen. Nach einem tragischen Zwischenfall verschieben sich die Gewichte innerhalb der Gruppe. Macht führt zu Missbrauch und Gegenwehr. Werden die Jugendlichen auch untereinander ins alte Schema verfallen oder haben sie wirklich etwas in dieser Extremsituation gelernt?

Und bei allen inneren Konflikten bleibt die von Anfang an bestehende Bedrohung von außen, verbunden mit dem ungelösten Rätsel: Wer hat den Leiter der pädagogischen Maßnahme ermordet?

Als klar wird, dass es nicht mehr lange dauern kann, bis die Behörden ihr Versteck stürmen, spitzt sich auch die Situation unter den Bewohnern der Republik zu. Sie glauben inzwischen zu wissen, wer von ihnen der Mörder ist. Und während die Einsatzkräfte auf dem Weg sind, debattieren sie darüber, ob sie den vermeintlichen Mörder ausliefern.

Doch dann kommt alles anders als gedacht...

Ausblick: ... und als die Einsatzkräfte die Bunkeranlange stürmen, ist die Republik schon weitergezogen. Bereit, das Experiment ihrer eigenen kleinen Welt in der Wildnis der Alpen fortzusetzen. Und unsere Helden bekommen Verstärkung: Jugendliche Ausreißer, die die Abenteuer der Republikgründer auf einem geheimen Social-Media-Account verfolgt haben, schließen sich ihnen an. Das heißt: Neue Figuren, neue Konflikte und neue Abenteuer für eine 2. Staffel...

Setting, Erzählweise und Tonalität

Die Folgen erhalten jedoch über B-Plots abgeschlossene Erzählstränge, die sich auf einzelne Figuren und ihre Vergangenheit konzentrieren. Ergänzend zum horizontalen Handlungsstrang rückt die Vergangenheit der Figuren über Rückblenden in den Mittelpunkt der Episoden. Die Rückblenden springen zu entscheidenden Lebensereignissen der jeweiligen Figur. Dieser emotionale Einblick in die individuellen Lebensgeschichten enthüllt Überraschungen über die Charaktere und macht ihr Handeln in der erzählerischen Gegenwart verständlich. Die Rückblenden ermöglichen auch die Etablierung unterschiedlichster Erzählwelten, die einen spannenden Kontrast zu den Erlebnissen in der Wildnis bilden.

Die Situation und die Charaktere der Jugendlichen, die große Fallhöhe der Geschichte, die ganze Dimension der Versuchsanordnung führen zu einer hohen Intensität der Erzählung. Es geht um große Gefühle und eine große Vision, die ganz konkrete und handfeste Folgen hat.

Das Funktionieren ihrer Gemeinschaft ist für unsere Jugendlichen kein exotischer Zeitvertreib, sondern ein Versuch, ihre Situation psychisch und physisch zu überleben. Vielleicht zum ersten Mal in ihrem Leben sind sie für sich selbst verantwortlich und wachsen in neue Rollen hinein. Manche werden scheitern, manche in alte Muster zurückfallen, manche daran wachsen. Alle Figuren werden sich im Lauf der Staffel einer radikalen Transformation unterziehen. Das fehlende gesellschaftliche Umfeld befreit sie auf unterschiedlichste Weise aus ihren bisherigen Zwängen und führt äußerlich wie auch innerlich zu erstaunlichen Veränderungen.

Die Serie handelt von Menschen, die um ihre Leben kämpfen und ihre kleine Chance nutzen, sich selbst und der Welt zu beweisen, dass sie mehr sind als das Urteil, das über sie gefällt wurde.

Doch so abgeschieden die Jugendlichen auf den Höhenzügen des Alpenmassivs auch wirken: Es gibt eine Verbindung mit der Außenwelt. Einer von ihnen ist an ein Smartphone geraten und betreibt heimlich einen Social-Media-Account - ein harter Verstoß gegen die eigenen Gesetze. Doch der Account erfährt einen rasanten Zuwachs an jugendlichen Followern, die in der Gründung dieser Republik eine echte Vision sehen. Und einige von ihnen machen sich auf den Weg in die Alpen, um selbst Teil der Bewegung zu werden...

Die Serie erzählt in zehn Episoden die Geschichte von der Flucht in die wilden Alpen über die Gründung des Staates bis zu einer finalen Konfrontation der Republik mit der Außenwelt.

Die Charaktere

Die Gruppe der Jugendlichen besteht aus zwanzig Personen. Die hier vorgestellten Charaktere sind die Hauptfiguren. Mit ihnen erleben wir die Geschichte in der Gegenwart, mit ihnen reisen wir in ihre Vergangenheit und um ihre Zukunft bangen wir.

Die straffälligen Jugendlichen sind allesamt schwierige Charaktere und ihre Taten in der Vergangenheit sind weder schönzureden noch zu entschuldigen. Aber es gibt gute Gründe, warum wir als Zuschauer mit ihnen fühlen können. Während wir sie in der Gegenwart um ihre Zukunft kämpfen und leiden sehen, erfahren wir mehr und mehr aus ihrer harten Vergangenheit. Dass sie ihren Kampf nicht nur gegen die Schwierigkeiten und Herausforderungen in der rauen Natur, sondern auch mit ihrem verkorksten Leben führen.

Die Jugendlichen stellen auf ihre eigene Art, die manchmal naiv, manchmal unverfroren, manchmal verzweifelt und dann wieder optimistisch ist, die Kernfragen, die wir als Gesellschaft immer wieder beantworten müssen.

Folgende Figuren stehen im Zentrum der Erzählung:
Ron - der Leader
Kim - die Kronzeugin
Can - der Schläger
Jessica - die YouTuberin
Bischoff - der Psychopath
Marvin - das Opfer
Lindi - die Nazi-Braut
Rebecca - die Sozialarbeiterin

Ron, 19, der Leader

»Es ist total Egal, was ich denke und was ich will. Eine Idee, die nur einer hat, das Ist nichts. Wir brauchen eine idee, die wir alle haben können!«

Ron sieht auf den ersten Blick nicht aus wie ein Held, aber er ist einer. Auch wenn er eher schmal und unscheinbar wirkt, Ron kann romantisch und verwegen sein, er kann mitreißen und begeistern. Obwohl Ron körperlich leicht unterlegen ist, schafft er es schnell, eine Gruppe zu dominieren.

Schon seit frühester Kindheit ist es Rons großer Traum, einen eigenen Staat zu gründen, der seinen Bürgern die maximale Freiheit ermöglicht. Er baute sich eine Fantasiewelt, die es ihm erlaubte, eine schwierige Kindheit in einem wohlhabenden, aber kaltherzigen Elternhaus mental zu überstehen. Ron hat sich schon früh einer autonomen Gruppe von Globalisierungsgegnern angeschlossen. Ron ist der einzig ›politische‹ in der Gruppe, der einzige mit großbürgerlichem Hintergrund. Das ist seine große Stärke - und zugleich seine größte Schwäche. Ron ist das Mastermind hinter der Staatsgründung. Doch natürlich stößt er schnell auf Probleme. Sein ärgster Widersacher wird Bischoff, denn auch der hat einen Führungsanspruch. Aber ganz andere Ziele...

Vom Leader zum Staatsfeind?

Anfangs ist Ron die absolute Identifikationsfigur für die Zuschauer, wie er auch das treibende und positive Element in der Gruppe darstellt. Je mehr die Republik aber Wirklichkeit wird, je mehr die anderen mitgestalten, umso härter und unerbittlicher kämpft er um seinen Einfluss und die Macht. Am Ende ist er sogar bereit, sich selbst für die Idee und die anderen zu opfern.

Anklage wegen: Bandengründung, versuchter Mord
Schwäche: Körperliche Unterlegenheit

Stärke: Mentale Stärke, Charisma, Vision, Führungsfähigkeit
Geheimnis/Vergangenheit: Sein tyrannischer Vater ist Rons größtes Trauma.

Kim, 19, die Kronzeugin

»Es bringt nichts zurückzuschauen, ich schau nur nach vorne. Aber da seh ich nichts, was ich nicht schon kenne.«

Kim tritt für das Gute ein. Kim ist schlau. Kim ist attraktiv. Kim ist wie wir. Und sie sieht in Ron ihren natürlichen Partner in der Gruppe. Kim kann für sich sorgen und will auch für andere sorgen. Aber Kim hat ein Geheimnis in ihrer Vergangenheit, das sie gefangen hält: Kim wurde von ihrer ersten großen Liebe so übel mitgespielt, dass sie schließlich für ihn auf den Strich gegangen ist. Die Beziehung eskalierte derart, dass er ihr gemeinsames Kind abgetrieben hat – mit Schlägen.

Das gab den Ausschlag für Kim, sich aus der Beziehung befreien: Weil sie als Kronzeugin gegen den Clan ihres Loverboys aussagte, gab es eine echte Chance, ihn zur Rechenschaft zu ziehen. Aber schon wieder musste Kim eine große Ungerechtigkeit erleben: Ein ermittelnder Polizist spielte ein falsches Spiel und Kim wurde für die Beteiligung an Straftaten an Stelle ihres Ex bestraft. Trotz der Härte, der Kim im Laufe ihres jungen Lebens begegnet ist, hat sie sich einen optimistischen Blick bewahrt. Sie ist begeistert von den Ideen von Ron, sie glaubt an seine Visionen und sieht die Republik als echte Chance für sich.

Reicht das Selbstvertrauen?

Kim kämpft von Anfang an mit voller Energie für die Gruppe. Doch dann kommt es zu einem Ausbruch sexueller Gewalt. Dieser tragische Zwischenfall verändert alles und das Trauma ihrer Vergangenheit wird getriggert. Sie kämpft mit sich und den Anderen. Erst allmählich findet sie wieder Kraft und Zuversicht und kann eine entscheidende Rolle bei der finalen Entscheidung um die Zukunft der Gruppe spielen.

Anklage wegen: Beihilfe zum Menschenhandel
Schwäche: mangelndes Selbstvertrauen
Stärke: innere Härte und Disziplin
Geheimnis/Vergangenheit: Hat als Prosituierte gearbeitet, wurde misshandelt und als sie Schutz beim Staat suchte, von dessen Vertretern im Stich gelassen.

Can, 20, der Schläger

»Zwei Sachen sind mir heilig: meine Eier und mein Auto. Geh mir nicht auf die Eier und fass mein Auto nicht an. Und wenn ich kein Auto hab – dann geh mir zweimal nicht auf die Eier!«

Das wichtigste Wort im Leben von Can ist ›Respekt‹. Wenn er keinen Respekt bekommt, schlägt er zu, wenn er zu wenig Respekt bekommt, schlägt er zu und wenn er Respekt bekommt, schlägt er auch zu, damit der Respekt bleibt. So hat es immer funktioniert im Leben von Can. Auf seine Reaktionsschnelligkeit, seine Kraft, seine Entschlossenheit konnte er sich immer verlassen. Wer eine dominante Rolle in der Gruppe einnehmen will, braucht Can.

Seine körperliche Überlegenheit sichert Macht und Einfluss. Und Can ist leicht zu beeinflussen, wenn man einmal verstanden hat, wie er funktioniert. Für Can gibt es kein Grau, es gibt nur weiß und schwarz, gut und böse. Wenn ihm diese Orientierung verloren geht, wirkt er hilflos. Frauen gegenüber hat er ein gestörtes Verhältnis. Sie sind Huren oder Heilige, wie es seinem Schema entspricht.

Dieses Verhältnis zu korrigieren und Frauen als selbständige und unabhängig denkende und agierende Wesen wahrzunehmen wird eine der größten Schwierigkeiten für Can – und den Rest der Gruppe.

Vom Schläger zum Lover?

Hat er zu Beginn der Flucht noch ausschließlich Verachtung für die ›Geisel‹ Rebecca, entwickelt sich tatsächlich eine echte Liebesbeziehung zwischen dem Straßenschläger und der verheirateten Sozialarbeiterin. Can wächst in eine neue Verantwortung hinein und beginnt eigenverantwortlich zu handeln anstatt als Werkzeug anderer zu fungieren.

Anklage wegen: Körperverletzung

Schwäche: Mangelnde Impulskontrolle, Jähzorn, Eifersucht, Manipulierbarkeit

Stärke: Körperliche Stärke, Treue

Jessica, 17, die Beauty-Bloggerin

»Es ist wie in einem Traum, In dem man sich von außen sieht. Und ich sehe mich von immer weiter weg.«

Die bildhübsche Jessica war auf dem Weg ein Star zu werden. Schon als 12-Jährige nahm sie heimlich Videos in ihrem Kinderzimmer auf, auf denen sie eine andere Identität annahm und einen großen Erfolg als Beauty-Bloggerin hatte. Ihr restriktives freikirchlich-evangelisches Elternhaus durfte davon nichts wissen.

Als ihr Doppelleben herauskam, hatte Jessica bereits vorgesorgt und verließ mit Hilfe ihres wesentlich älteren Freundes und Managers die Provinz. Die junge, völlig unerfahrene Jessica geriet in die falsche Gesellschaft, kam mit Drogen in Kontakt. Das Bloggen, die Likes und die Anerkennung völlig Fremder wurde ihr immer wichtiger (und auch im Camp wird sie dem Impuls nicht widerstehen können.) Für ein vorläufiges Ende ihrer Karriere hat sie dann selbst gesorgt: Eine wilde Verfolgungsjagd auf Drogen hat sie selbst gefilmt und direkt gestreamt – inklusive des Unfalls, bei dem ein Passant schwer verletzt wurde.

Von der Prinzessin zur Geblendeten?

Zu Beginn der Staffel setzt Jessica ihr Aussehen und ihre Reize ein, um Einfluss auf die Gruppe zu nehmen. Doch ihre Art, sich um Arbeit um Verantwortung zu drücken, fällt ihr auf die Füße. Sie entfremdet sich immer mehr von den anderen und wird in der Wildnis von alten Dämonen gefunden.

Eine Art religiöser Erscheinung ergreift immer mehr die Macht über sie und verwandelt sie zu einer entrückten ›Erleuchteten‹, die zu einer Gefahr für die anderen wird.

Anklage wegen: vorsätzliche Körperverletzung, Drogenhandel
Schwäche: Verblendung, körperliche Unterlegenheit
Stärke: Aussehen, Cleverness
Geheimnis/Vergangenheit: Stammt aus einer evangelikalen Familie und wird von schweren religiösen Schuldgefühlen verfolgt. Im Camp ›sieht‹ sie immer eine übernatürliche Erscheinung. Ihr Zustand steigert sich zu einem regelrechten Wahn. Sie nimmt ›Befehle‹ von den Erscheinungen an.

Bischoff, 22, der Soziopath

»Die Menschen sind eine völlige Fehlkonstruktion. Alle sagen, man soll nicht lügen. Und dann sind alle sauer, weil man ihnen sagt, wie scheisse und kaputt die Welt ist.«

Bischoff ist schon auf den ersten Blick ein schwieriger Mensch. Bischoff ist nicht nett, hat keinen Bock auf Bullshit, hasst langes Gelaber. Aber Bischoff macht niemandem etwas vor. Was Bischoff kann ist: sich durchsetzen.

Er spielt federleicht auf der ganze Palette der Macht, verführt durch radikale Rhetorik, behauptet einfach, was ihm gerade nützt und schätzt die Effizienz der Gewalt. Er beherrscht dieses Spiel par excellence und er setzt seine Fähigkeiten ohne Skrupel nur für ein einziges Ziel ein: den größtmöglichen Vorteil für sich selbst zu erzielen. Und wird somit zu Rons natürlichem Feind.

Vom Soziopathen zum Anführer?

Bischoff gelingt es schnell starke Verbündete zu finden, weil sie von seiner Durchsetzungsstärke profitieren wollen. Und es gelingt ihm, die einzige Waffe an sich zu bringen, so dass er, wenn es hart auf hart kommt, über jeder Regel der Gruppe steht. Ein Duell zwischen Bischoff und Ron um die Rolle des Anführers entbrennt. Zwei Prinzipien treten gegeneinander an: Die Demokratie Rons mit all ihren Widersprüchen gegen Bischoffs Tyrannei. Doch was niemand in der Gruppe ahnt: Bischoff hat das düsterste Geheimnis von allen...

Anklage wegen: Körperverletzung, Totschlag

Schwäche: Fehlende Empathie

Stärke: Egomanie, Durchsetzungskraft

Geheimnis/Vergangenheit: Bischoff ist im Heim aufgewachsen und hat sich jahrelang prostituiert um gesellschaftlich aufzusteigen. Einen seiner Freier hat er ermordet. Daher dürfte er gar nicht in der Gruppe sein sondern müsste im Knast sitzen. Doch es ist ihm gelungen sich einzuschmuggeln.

Marvin, 18, das Opfer

»Ich hab keinen Bock auf Streit. Was soll das? Wenn ich dir recht gebe, dann heißt das doch nicht, dass ich keine Meinung habe.«

Marvin wuchs in einem normalen, bürgerlichen Umfeld auf. Der dickliche und nerdige Typ ging jeder direkten Konfrontation aus dem Weg und wurde zum Schleimer, zum Duckmäuser und Ja-Sager. Als er im Tausch für seine Playstation einer Tracht Prügel entgeht, beginnt für ihn eine fatale Spirale: Er beginnt zu klauen, um sich Freunde und Frieden zu erkaufen, er wird sogar so weit gebracht, dass er Nacktbilder seiner Schwester anfertigt. Dabei fliegt er auf und das ganze Ausmaß seiner Diebstähle wird deutlich.

Marvin träumt von Anerkennung und Akzeptanz. Jungs haben ihn bisher herumgeschubst, die Mädchen, die er verehrte haben sich über ihn lustig gemacht. Er ist ein zutiefst verletzter und gedemütigter junger

Mann – doch auch er hat Abgründe, in die wir im Laufe dieser Geschichte blicken.

Schlägt das Opfer zurück?

Auch im Camp wird Marvin sofort zum Prügelknaben. Wenn es ernst wird, stellt Marvin sich immer auf die Seite desjenigen, der ihm stärker und mächtiger erscheint, und er hat kein Problem damit, das je nach Lage zu ›aktualisieren‹. Doch dann bietet ihm die neue Situation eine vermeintliche Chance, das alles zu ändern...

Anklage wegen: Diebstahl
Schwäche: Angst vor Konflikt, körperliche Schwäche
Stärke: Intelligenz, Opportunismus
Geheimnis/Vergangenheit: unterdrückte Sexualität

Lindi, 20, die Nazi-Braut

»In der Natur ist niemand gleich. Einer ist stärker und der andere ist vielleicht schneller. Hat er Glück gehabt. Aber wenn einer stark und schnell ist, dann kriegt der zu fressen. Der braucht keine Demokratie.«

Dietlinde, genannt Lindi, ist unter völkischen Siedlern aufgewachsen, ihr Vater hatte ein Landgut in Mecklenburg, auf dem eine illustre Gesellschaft Wehrsportübungen, Trinkgelage und biogermanisch-dynamische Landwirtschaft betreibt. Das ist kein Witz. Die Ideologie steckt tief in Lindi drin und es ist keine Fassade, die irgendwann einmal fällt.

Lindi war gemeinsam mit Gesinnungsgenossen für den brutalen Überfall auf einen pakistanischen Asylbewerber verantwortlich, hat sich jedoch bei ihrer Verteidigung als Mitläuferin dargestellt und sich damit ihre zweite Chance im Resozialisierungsprogramm erkämpft.

In der Republik geht sie auf Konfrontation mit dem moderaten Kurs der Mehrheit. Sie plädiert für krasse und gewaltsame Lösungen und kämpft dafür mit ihrer ideologisch trainierten und abgehärteten Argumentationsgabe. Sie ist eine treibende Kraft hinter der temporären Spaltung der Gruppe und bildet mit Bischoff eine unheimliche Allianz.

Survival of the fittest

Lindi ist die einzige, die über eine gewisse alpine Erfahrung verfügt und ist durch die Wehrsport-Übungen in ihrer Jugend auch mit Survival-Techniken vertraut. Lindi wird oft unterschätzt, sie hat eine durchaus freundliche und offene Art. Umso überraschender sind dann ihre krassen und entschlossenen Aktionen, in denen klar wird, dass sie nichts von den Gesetzen der Gruppe hält. Für sie gilt nur ein Gesetz: Das Recht des Stärkeren.

Anklage wegen: Mitgliedschaft in einer kriminellen Vereinigung mit politischem Hintergrund (als Mitläuferin eingestuft)
Schwäche: Kann niemandem vertrauen
Stärke: Willensstärke, klare Weltsicht
Geheimnis/Vergangenheit: Ist weit tiefer in ihrer Ideologie verwurzelt als es zunächst den Anschein hat

Rebecca, 35, die Sozialarbeiterin

»Ich kann euch überhaupt nichts sagen, weil ich keine Ahnung habe, was ihr fühlt. Ich verspreche euch auch, dass ich nicht so tue. Aber ihr habt auch keine Ahnung, wer ich bin. Und das müsst ihr respektieren.«

Rebecca macht ihren Job als Sozialarbeiterin mit großem Engagement. Sie fühlt sich wirklich verantwortlich für ihre Schützlinge und steht allzu hartem Drill mit großer Skepsis gegenüber. Den Job in den Alpen hat sie an genommen, weil sie so schnell wie möglich ihre alte Umgebung verlassen wollte. Als Familienbetreuerin des Jugendamtes fühlte sich verantwortlich für den Tod eines Kindes, dessen Familie sie betreut hatte. Obwohl sie von aller Mitschuld freigesprochen wurde, ist sie über dieses Ereignis nie hinweggekommen.

Ihr langjähriger Freund **Götz Sellien** ist Leiter der pädagogischen Maßnahme, allerdings nicht selbst vor Ort. Kurz bevor Rebecca zu dem sechswöchigen Abenteuer in den Alpen aufbrach, stellte sie fest, dass sie schwanger ist. Doch ihrem Mann Sellien hat sie nichts davon gesagt – aus Angst, dass er sie sonst nicht mitlassen würde. Während der Flucht und der Zeit in der Republik, versucht Rebecca, alles richtig zu machen und ihre Fehler der Vergangenheit auszubügeln. Sie versucht auf die Jugendlichen einzuwirken und es gelingt ihr, viel Gutes zu der inneren Entwicklung der Gruppe beizusteuern. Auch für sie überraschend entwickelt sie Gefühle für Can. Sie ist sich nicht sicher. Kann es das Stockholm-Syndrom sein?

Von der Sozialpädagogin zur Täterin

In der finalen Folge erzählen wir den Background von Sozialarbeiterin Rebecca: Ihr Trauma, ihre Entscheidung für den Resozialisierungs-Trail und ihre Erlebnisse kurz vor der Flucht der Gruppe. Denn am Abend vor der Flucht hat sie einen sexuellen Übergriff des Leiters der Maßnahme gegenüber einem Jugendlichen erlebt.

Rebecca, die selbst Missbrauch in ihrer eigenen Familie erlebt hat, rastete aus - mit tragischen Folgen: Rebecca ist die Mörderin! Wird sie sich dieser Verantwortung stellen? Oder wird sie einen der Jugendlichen für ihre Tat ins Messer laufen lassen?

Wir wollen **Wild Republic** sehen, ...
... weil wir spannende Figuren in einer extremen Situation erleben.
... weil es faszinierend ist, einen eigenen Staat zu gründen.
... weil wir gern in der wilden Bergwelt sind, vor allem wenn sie in unser Wohnzimmer kommt.
... weil es um Leben und Tod geht.
... weil es um Konflikte in der Gruppe geht.
... weil es um Liebe geht.
... weil die Geschichten in sich geschlossen sind, die große Geschichte aber mit immer neuen Twists und Überraschungen weitergeht.
... weil wir viel über die Figuren lernen - in den Abenteuern der Gegenwart und dem Chaos ihrer Vergangenheit.
... weil jede Utopie ein paar kriminelle Verrückte braucht, die sie ausprobieren.

Outlines

Von Arne Nolting, Jan Martin Scharf und Klaus Wolfertstetter

FOLGE 1: Pilot

Resozialisierung statt Knast: Eine Gruppe jugendlicher Straftäter auf Erlebnisreise durch die unbezwingbare Wildnis der Alpenlandschaft. Doch dann stirbt einer der Betreuer und die Jugendlichen entscheiden sich zu fliehen. Das Abenteuer beginnt!

Ein Reisebus fährt über eine einsame Straße im Hochgebirge. **Kim** blickt durch die Scheiben des Busses, in dem außer ihr noch zwanzig andere Jugendliche sitzen. Im Hintergrund erhebt sich hinter dichten Wäldern die mächtige Silhouette eines Alpenmassivs. Auf den ersten Blick könnte es ein Schulausflug sein, doch die Stimmung ist zu düster, zu aggressiv. Die Jugendlichen haben sichtbar keinen Bock aufeinander.

Unsere Heldin Kim lässt ihren Blick über die Gruppe schweifen: Es sind sehr unterschiedliche Charaktere auszumachen. Raue Gesellen und verhuschte Duckmäuser, manche weichen Kims Blick aus, andere starren provokant zurück. Doch sie alle teilen Kims Schicksal: Niemand von ihnen ist freiwillig hier. Der Bus hält mitten im Nichts und die Jugendlichen steigen aus. Die Gruppe wird begleitet von mehreren Sozialpädagogen und Bergführern. Aus Kims Sicht sind sie vor allem eines: Wachen.

Sozialpädagogin **Rebecca** hält eine Ansprache und schärft den Jugendlichen noch mal ein, worauf sie sich einzulassen haben: Sechs Wochen Erlebnispädagogik in den Bergen. Die Regeln sind klar: Wer den Anweisungen nicht Folge leistet, kommt sofort zurück in die JVA. Diese Wildnis hier ist eure letzte Chance!

Kim schluckt und auch die anderen Jugendlichen müssen sich zusammenreißen. Sie bekommen einheitliche Funktionskleidung und Rucksäcke - dann kommt die größte denkbare Hürde: Sie müssen all ihre Habseligkeiten abgeben, vor allem ihre Smartphones! Großes Murren in der Runde. Während alle extrem widerwillig ihre Telefone abgeben, macht einer der Jugendlicher einen Aufstand, weil er sein zerlesenes Buch zurücklassen muss. Es ist der charismatische **Ron.** Kim wirft einen neugierigen Blick auf den Titel des Buches: How to form your own state. Seltsam, was ist das denn für ein Typ?

Bevor die Handys endgültig weggeschlossen werden, darf jeder eine letzte Message verschicken. Kim schreibt ihrem Bruder. Mit spöttischem Blick auf ihre Umgebung textet sie ihm, dass ihr Wellness-Urlaub jetzt losgeht. Nette Mitreisende, herrliche Landschaft und ein tolles Animations-Teams. Er soll auf sich aufpassen und sie verspricht, bald wieder bei ihm zu sein. Sie erhält als Antwort direkt ein Bild. Man sieht ein Selfie ihres Bruders, der ihr den Daumen entgegenstreckt. Man sieht auch, dass er in einem Rollstuhl sitzt.

Dann sind alle umgezogen und haben ihre Rucksäcke umgeschnallt. Doch wohin jetzt? Wo ist ihre Unterkunft? Ein Betreuer lächelt und deutet auf einen steinigen Pfad, der steil in die Berge führt. Da hoch! Die Reaktion der Jugendlichen: WTF!!!

Die Kamera steigt immer höher und höher, öffnet das Bild und zeigt uns schließlich, was vor ihnen liegt: das gewaltige Panorama der Alpen, gigantische Berge, reißende Flüsse, krasse Wildnis.

- TITELSEQUENZ -

RÜCKBLENDE: Eine Hochhaussiedlung, maximale Urbanität, eine enge Wohnung. Stress liegt in der Luft. Kim ist wütend, sie will ausgehen, die Mutter verbietet es ihr, der neue Freund der Mutter wird handgreiflich. Kim lässt sich nichts sagen, giftet zurück und haut ab.

Unten im Hof schlägt die Stimmung komplett um. Liebevoll verabschiedet sie sich von ihrem Bruder, der von seinem Rollstuhl aus den Schiedsrichter für die kleinen Fußball-Jungs im Innenhof macht.

Die Jugendlichen marschieren durch das unwegsame Gelände. Ein langer und beschwerlicher Marsch. Neben Rebecca und einem weiteren Sozialarbeiter begleiten auch professionelle Bergführer die Gruppe, einer von ihnen ist Karl Baumgärtner, genannt **Baumi** (43), ein raubeiniger Kumpeltyp, der die Jugendlichen freundlich aber hart angeht, wenn sie aufgeben wollen. Kim gehört nicht zu denen, die so leicht aufgeben. Verbissen kämpft sie sich den Weg entlang. Bis sie plötzlich stolpert und beinahe abrutscht. Der charismatische Ron will ihr helfen. Doch Kim weist seine Hilfe zurück und schnauzt ihn an: Er soll sich um seinen eigenen Scheiß kümmern und nicht den Gentleman markieren! Ron weiß gar nicht, was er sagen soll, so überrascht ist er von dieser Ansage, die so gar nicht zu der zierlichen Kim passt.

Langsam versinkt die Sonne hinter den Bergen. Es wird dunkel und der Weg immer schwieriger. Fernes Wolfsgeheul ist zu hören. Auf die erschrockenen Blicke der Jugendlichen erklärt der Bergführer Baumi: Ja, hier gibt es seit einigen Jahren wieder Wölfe. Aber keine Sorge – die haben mehr Angst vor euch als ihr vor ihnen...

Schließlich müssen die Jugendlichen ihr Lager aufschlagen. Kim ist am Ende ihrer Kräfte. Den anderen geht es ähnlich: Erste Zusammenbrüche, Diskussionen, Beschwerden.

Ron versucht die Truppe zusammenzuhalten und appelliert an ihr Solidaritätsgefühl: Wir werden es hier nur gemeinsam schaffen. Damit erntet er bei den meisten der anderen nur ein zynisches Grinsen. Vor allem der hünenhafte **Can**, der von allen die meiste Aggression ausstrahlt, kann damit gar nichts anfangen. Er ist vielmehr damit beschäftigt, mit Hilfe eines scharfkantigen Steines ein Messer zu schnitzen...

Als die Zelte endlich stehen, flippt die platinblonde **Jessica** fast aus, weil sie glaubt, eine Schlange gesehen zu haben, und bringt das ganze Lager in Aufruhr. Kim hat das Gefühl, das hysterische Mädchen irgendwoher zu kennen, weiß aber nicht woher. Kim selbst versucht sich möglichst aus allem herauszuhalten, beobachtet ihre Umgebung aber ganz genau. Diese

Haltung teilt sie mit **Bischoff**, einem verschlagen wirkenden Typen, der die Gruppe nur mit kalten Augen taxiert.

Doch dann beginnt Jessica plötzlich zu kotzen. Kim ist sofort klar, das kann nicht an einer ›Schlange‹ liegen. Warscheinlich gab es die nicht mal. Das Mädchen hat Hallus, Kim erkennt, was mit ihr los ist: Die ist auf Entzug! Sie eilt Jessica zur Hilfe, das war's dann also mit dem Raushalten...

Doch Kim allein ist zu schwach, die kollabierende Jessica ins Zelt zu schleppen. Sie wendet sich an den kräftigen **Kay** einen großmäuligen Gangster-Rap-Typen, der sich gerade in Nähe befindet: Los, hilf! Wenn die Aufseher sie so sehen, dann geht die gleich zurück in den Knast! Doch Kay winkt nur ab. Wenn die Bitch cold Turkey schiebt, ist das ihr Problem, nicht seins! Und damit trollt er sich. Kim fasst es nicht. Was für ein Arsch!

Da kommt Ron und hilft ihr, die zuckende Jessica ins Zelt zu bugsieren, ganz knapp bevor sie ein Aufseher erblicken kann. Das ist gerade noch einmal gut gegangen – Rons Blick trifft im Zelt auf Kims...

RÜCKBLENDE: Mit ihrer besten Freundin ist Kim in einer Disko. Sie zieht viele Blicke – und Anmachen auf sich. Die meisten sind doof, plump, betrunken oder alles drei zusammen. Doch dann taucht da einer auf, der ganz anders ist. Der scheinbar gar nichts von ihr will, ihr aber doch Komplimente macht, die sie erröten lassen. Attila heißt der junge Mann, der nur ein paar Jahre älter ist als sie. Sie geht mit ihm nach Hause und sie verbringen eine rauschhafte Nacht miteinander.

Die Nacht im Camp hingegen ist alles andere als berauschend für Kim. Es ist hart und unbequem in den Zelten, es wird laut geschnarcht und irgendwer scheint einen Alptraum zu haben und stöhnt gequält. Entsprechend gerädert ist Kim am nächsten Morgen.

Doch die Betreuer gönnen den Jugendlichen keine Pause: Es gibt ein Training in grundlegenden alpinen Techniken wie Sicherung, Achterknoten und Klettertechnik. Dabei stellen sich die Jugendlichen so an, als würden sie keine zehn Minuten alleine in der Wildnis überleben können. Vor allem der dickliche **Marvin**, ein erkennbarer Opfer-Typ, hängt schlaff in den Seilen und erntet den Spott der anderen. Dafür gibt es aber auch ein ausgesprochenes Kletter-Talent: Die patente **Lindi**, die sich offenbar in Natur und Gelände hervorragend auskennt.

Doch als beim Klettern ihr Shirt verrutscht, sieht Kim, dass Lindi ein merkwürdiges Tattoo trägt. Ist das nicht ein Nazi-Emblem? Doch Lindi richtet ihr Shirt schnell wieder und Kim meint, sich getäuscht zu haben. Lindi ist viel zu offen und aufgeräumt für derartiges Gedankengut...

In unterschiedlichen Konstellationen müssen die Jugendlichen verschiedene Parcours durch die Wildnis absolvieren. Zur Vertiefung ihrer Kenntnis und zur Stärkung der Gruppendynamik. Kim bildet ein gutes Team mit Ron und sie überwinden ihre anfänglichen Schwierigkeiten. Doch als Kim dem unheimlichen Bischoff zugeteilt wird, beginnen die Probleme: Er lässt Kim beim Abseilen einen Meter über dem Boden schweben und arretiert das Seil. Kim ist völlig hilflos. Dann spricht er sie trocken und ohne jede Regung an: Du bist eine Nutte. Kim ist völlig baff. Als Bischoff sie endlich abgeseilt hat, will sie ihn zur Rede stellen. Aber Bischoff blickt sie nur durchdringend an: Einmal Nutte, immer Nutte! Kim quellen die Tränen in die Augen. Sie fühlt sich gedemütigt, ausgeliefert... und erkannt.

RÜCKBLENDE: Kim ist zu Atilla gezogen und ist schwer verliebt in ihn. Hier bekommt sie die Liebe, die sie zu Hause so schmerzlich vermisst hat. Kim ist völlig abhängig von ihm und macht bereits Zukunftspläne. Sie will mit ihm um die Welt reisen, eine Familie gründen. Attila lässt sie träumen. Er hat nur ein kleines Problem und es wäre toll, wenn Kim ihm dabei helfen könnte. Kim sieht ihn mit großen Augen und einem noch größeren Versprechen an: Sie wird ALLES für ihn tun...

Reißendes Wasser gurgelt einen Flusslauf entlang. Die Jugendlichen haben ein Tal erreicht und damit die nächste Etappe: Den Bootstrip. Denn jetzt geht es in die bereitstehenden Kanus! Je zwei Jugendliche müssen sich eines der wackeligen Boote teilen. Kim will mit Ron auf ein Kanu, doch erneut bekommt sie Bischoff zugeteilt. Die Stimmung zwischen ihnen ist eisig. Kim fühlt sich äußerst bedroht, den unheimlichen Bischoff im Nacken zu haben...

Die Gruppe quält sich in den Kanus den Fluss entlang. Sozialarbeiterin Rebecca und Bergführer Baumi versuchen die Stimmung oben zu halten, doch die ungewohnte Anstrengung treibt die Jugendlichen an ihre Grenzen, erste Konflikte brechen offen aus. Inzwischen hat Kim auch herausgefunden, woher sie die blonde Jessica kennt: Jessica ist eine aufstrebende Beauty-Bloggerin und damit zumindest semiprominent.

Auch ein paar andere Jugendliche haben Jessica erkannt und hacken auf ihr herum. Was zum Teufel macht ein YouTube-Star hier mit ihnen in der Wildnis? Als die Gruppe schließlich die Boote anlegt und ihr zweites Nachtlager aufschlägt, gehen alle auf dem Zahnfleisch. Umso erfreuter ist Kim, als Ron ihr sagt, dass er Tabak und Papers durch die strenge Kontrolle geschmuggelt hat. Sie verabreden sich, in dieser Nacht heimlich eine zu rauchen.

Als alle schlafen, gelingt es Kim und Ron, sich unbemerkt zum Fluss zu schleichen. Sie rauchen und teilen einen guten Moment: Sie reden miteinander, erzählen sich gegenseitig etwas aus ihrem Leben. Kim fragt Ron, warum er hier ist. Was hat er verbrochen? Ron sagt, er habe nichts verbrochen, er sei Revolutionär. Kim muss lachen. So ist das also. Auf Rons Frage, was sie denn verbrochen habe, verstummt Kim. Sie wird sich hüten, zu viel von sich preiszugeben...

RÜCKBLENDE: Kims Traum von der großen Liebe hat ein hartes Ende gefunden. Ihr vermeintlicher Traumtyp Attila nutzt ihre Liebe und Abhängigkeit gnadenlos und gekonnt aus. Attila ist Teil einer mafiösen Clanstruktur und in eine Vielzahl von kriminellen Aktivitäten verwickelt. Er lässt Kim für ihn anschaffen, er bricht jeden Widerstand mit Zureden, Versprechungen und Drohungen. Als sie schwanger wird, weigert Kim sich unter Tränen, sich weiter zu prostituieren. Wenn er sie liebt, dann sollen sie gemeinsam ein neues Leben anfangen! Doch Loverboy Attila reagiert kalt und entschieden: Das Kind muss weg! Damit schlägt er der schwangeren Kim in den Bauch. Immer und immer wieder...

Kim wirft die Zigarette in den Fluss. Die Erinnerungen haben ihr jede Lust an weiteren intimen Gesprächen genommen. Kim und Ron kehren zu den anderen zurück... da stolpert Kim plötzlich kurz vor dem Lager. Sie stützt sich ab, greift auf etwas Weiches, ihre Hand ist mit einer roten Flüssigkeit beschmiert.

Geschockt entdecken Kim und Ron, was dort im Weg liegt: Ein lebloser Körper. Es ist Baumi, der Bergführer. Er ist tot!

Kim und Ron starren auf die Leiche. Frisches Blut sickert aus einer klaffenden Wunde in seinem Schädel. Der Mann ist erschlagen worden – und es muss gerade erst passiert sein! Da hören sie plötzlich Geräusche gleich in der Nähe. Ist da der Mörder?

Kim und Ron pirschen sich mutig in das Dickicht. Treffen sie jetzt auf den Täter? Sind sie in Gefahr? Tapfer kämpfen sie sich weiter durch das unübersichtliche Unterholz in Richtung des Geräuschs. Und tatsächlich: Ron sieht jemanden davonhuschen, kann aber nicht erkennen wen.

Kim ist impulsiv völlig klar: Sie müssen hier sofort abhauen, sonst werden sie dafür verantwortlich gemacht! Ron versucht sie zu beruhigen, aber er hat keine Chance. Kim rennt los, will ihre Sachen packen und fliehen. Dabei wachen weitere Jugendliche auf, wollen wissen, was los ist. Schließlich entdeckt auch die hysterische Bloggerin Jessica den Toten und schreit das ganze Lager zusammen. Schon sind Sozialarbeiterin Rebecca und die anderen Betreuer da. Die Situation eskaliert: Der muskulöse Can packt sich Rebecca und hält ihr sein improvisiertes Messer an den Hals.

Damit hält er die anderen Betreuer und den Bergführer in Schach. Jetzt ist die Sache endgültig aus dem Ruder gelaufen. Mit zittriger Stimme und trotz Messer an der Kehle versucht Sozialarbeiterin Rebecca, ihre Schützlinge zu beschwören: Was immer auch passiert ist, wir sollten damit wie zivilisierte Menschen umgehen. So macht ihr alles nur noch schlimmer! Sie sucht Kims Blick: Bitte, ihr müsst mir vertrauen, wir klären das!

RÜCKBLENDE: Kim sitzt bei der Polizei. Sie sieht völlig fertig aus, sie hat ihr Kind verloren und damit endlich auch ihre Verblendung gegenüber Attila. Jetzt will sie gegen ihn aussagen und ihn hinter Schloss und Riegel bringen. All der Schmerz und die Verzweiflung brechen aus ihr heraus. Doch es ist nicht so einfach: Kim soll belastbares Material gegen Attila liefern, muss also in ihre alte Rolle an Attilas Seite zurück. Für Kim eine schwere und gefährliche Entscheidung. So hat sie sich das nicht vorgestellt. Sie dachte, sie sagt anonym aus und der Alptraum sei vorbei. Die Kommissarin bittet sie inständig um ihr Vertrauen. Sie wäre eine sehr wertvolle Quelle für die Ermittlung. Schließlich nickt Kim. Sie ist wild entschlossen, gegen Attila vorzugehen und andere Frauen vor ihm zu beschützen.

Die Jugendlichen wissen nicht, was sie tun sollen. Ein Teil will fliehen, andere wollen auf Sozialarbeiterin Rebecca hören - bis Kim den Ausschlag gibt: Wir dürfen ihr auf keinen Fall vertrauen! Wie oft habt ihr den Falschen vertraut? Niemand wird uns irgendwas glauben und wir lassen uns von niemandem mehr etwas sagen!

Wir retten jetzt unsere Haut! Das gibt den Ausschlag. Die Erfahrung, ungerecht und vorverurteilend behandelt zu werden, ist das einzige, was diese so unterschiedlichen Charaktere verbindet.

Und so raffen die Jugendlichen hektisch ihre Sachen zusammen und beschließen, mit den Kanus zu fliehen. Sie fesseln die Betreuer mit den im Alpin-Kurs gelernten Profiknoten und Ron zerstört das Funkgerät, mit dem sie bisher die ganze Zeit über Kontakt zur Zivilisation gehalten haben. Dann hetzen alle zu den Booten. Sozialarbeiterin Rebecca versucht einen letzten verzweifelten Appell, doch Can wirft sie sich einfach über die Schulter und nimmt sie mit. Als Geisel.

Die ganze Truppe rudert los.

RÜCKBLENDE: Für Kim bietet sich die Chance, ihren Loverboy Attila ans Messer zu liefern, als sie für ihn jugendliche Mädchen aus Osteuropa in Empfang nehmen soll. Sofort gibt sie diese Information an die Kommissarin weiter und es gibt folgenden Plan: Bei der vereinbarten Übergabe wird die Polizei zuschlagen und Attila auf frischer Tat festnehmen. Kim soll als Kronzeugin clean aus der Sache herauskommen und zusätzlich Schutz und Hilfe bei einem Neuanfang erhalten. Doch die Sache läuft nicht wie geplant. Bei der Übergabe stürmt die Polizei wie besprochen das Gelände – doch Attila ist gar nicht da. Stattdessen wird Kim von einem gepanzerten Polizisten zu Boden gerissen, der ihr ins Ohr zischt: Lieben Gruß von Attila, und wenn dir das Leben deines Bruders lieb ist, dann nimmst du das hier alles auf dich! Kim wird klar: Einige der Polizisten sind geschmiert, ihr Bruder ist in Gefahr, sie steht ganz alleine da. Was soll sie tun?

Der Morgen bricht an. Die Kajaks der Jugendlichen jagen über den zunehmend schneller werdenden Fluss dahin, immer überforderter von der reißenden Strömung. Auch anderswo herrscht Nervosität: Der Psychologe **Sellien**, der Leiter der pädagogischen Maßnahme ist aus dem Bett gerissen und alarmiert worden: Der Funkkontakt zur Gruppe ist abgebrochen, die letzten regelmäßigen Kontaktmeldungen sind ausgeblieben.

Was ist da los? Ist etwas schiefgegangen? Ist die Gruppe in Gefahr? Sie müssen sich sofort auf die Suche machen! Tatsächlich wird es immer gefährlicher für die Jugedlichen in ihren Kanus. Kim und Ron haben Mühe, ihr Boot unter Kontrolle zu halten.

Sozialarbeiterin Rebecca warnt: Das ist keine Kajakstrecke, hier wird es wirklich gefährlich! Sie verspricht den Jugendlichen, alles in ihrer Macht stehende zu tun... da dreht sich Can wortlos zu ihr um und verpasst ihr erst mal einen Knebel.

Doch Rebecca hat Recht: Die Strömung wird immer stärker. Stromschnellen und kleine Wasserfälle schleudern die Boote hin und her... ... und dann geraten sie in eine schier unüberbrückbare Passage. Das erste Kajak prallt gegen einen Stein, reißt ein anderes mit. Kim und Ron versuchen auszuweichen, doch sie stoßen mit voller Wucht zusammen. In einem Chaos aus Wasser, Fels und kenternden Kajaks werden Kim und Ron in den Fluss geschleudert.

Kim kämpft gegen die Strömung, hält den Kopf über Wasser, prallt gegen Steine, wird durchs Flussbett geschleift, doch dann schafft sie es ans Ufer. Vollkommen durchnässt und zerschunden. Auch die meisten anderen schaffen es irgendwie ans Ufer. Can rettet Sozialarbeiterin Rebecca aus den Fluten, die wegen ihres Knebels fast ertrunken wäre.

Doch einige Jugendliche fehlen. Was ist mit ihnen? Haben sie es geschafft, die Stromschnellen zu überwinden? Oder sind sie gekentert und verlorengegangen? Ron schlägt vor, nach ihnen zu suchen. Doch Bischoff ist strikt dagegen. Er plädiert dafür, sich in die Wildnis zu schlagen, weg vom Fluss. Hier sind sie zu leicht zu entdecken.

Das löst Protest bei den anderen aus. Sie sind sind nicht mehr so überzeugt, dass es wirklich das Beste ist zu fliehen. Der dickliche Marvin ist völlig fertig und den Tränen nahe. Er will nur noch nach Hause. Und auch Beauty-Bloggerin Jessica hält es keine Sekunde länger in der Wildnis aus.

Alle sind völlig überfordert und stellen sich eine Menge Fragen: Wo sollen sie hin? Was machen sie mit der Sozialarbeiterin? Sind sie jetzt technisch gesehen nicht irgendwie Geiselnehmer? Das ist doch vollkommener Wahnsinn!

Und außerdem: Was ist mit dem toten Bergführer? Ist einer von ihnen der Mörder? Man beschuldigt sich gegenseitig. Wenn der Täter gefunden ist, können ja alle zurück.

Ron besteht weiterhin darauf: Sie können die verlorengegangenen Gruppenmitglieder nicht einfach im Stich lassen! Und er will auf keinen Fall weiter in die Berge, sie kennen sich dort alle nicht aus und es sieht nach einem Wetterumschwung aus. Schnell kristallisiert sich heraus, dass es vor allem um eine entscheidende Frage geht: Wer hat hier das Sagen?

Die Debatte eskaliert, alle schreien sich an. Bis Kim plötzlich eine Entdeckung macht: Nur wenige Meter am Waldesrand steht ein Wolf und starrt sie an. Mit einem Mal sind alle still. Ron findet als erster Worte und beruhigt die anderen: Ihr wisst doch: die haben mehr Angst vor uns als wir vor ihnen. - Aber weiß der Wolf das auch?

Und was ist das: Hat der Wolf etwa Schaum vor dem Mund? Ist er tollwütig? Mit bedrohlichem Knurren geht der Wolf auf die Gruppe zu. Für einen kurzen Moment zeigt sich, aus welchem Holz die Jugendlichen geschnitzt sind: Kim, Ron und der muskulöse Can treten instinktiv vor, um sich notfalls mit bloßen Händen zu verteidigen. Alle anderen weichen zurück. Und dann greift der Wolf tatsächlich an! Mit langen Sätzen und gefletschten Zähnen rennt er auf die Gruppe zu.

Doch kurz bevor er sich in Kim verbeißen kann, fällt plötzlich ein Schuss. Und dann noch einer. Der Wolf stürzt winselnd zu Boden. Nach einem Moment der Orientierungslosigkeit wird klar, woher der Schuss kam.

Es ist Bischoff. Er hat geschossen, hat eine Waffe in der Hand. Sein Blick ist so ausdruckslos wie immer.

Ein kurzer Flash zeigt uns, dass Bischoff als einziger der Jugendlichen so kaltblütig war, den toten Bergführer zu durchsuchen, bevor alle auf die

Boote geflohen sind. Dabei hat er die Waffe gefunden und heimlich eingesteckt.

Das Winseln des Wolfes verstummt, das Tier ist tot. Auf einmal ist völlig klar, wer hier das Sagen hat. Bischoff deutet mit der Waffe in die Wildnis. Da geht's lang! Und zwar für alle. Und zwar sofort.

Kim und Ron blicken sich an. Die Reise ins Ungewisse beginnt...

Ende Folge 1

Im Original-Konzept der Serie werden an dieser Stelle die Folgen 2-5 im Detail dargestellt. Für dieses Buch wurden diese Darstellungen ausgelassen. Es folgt ein Ausblick unter dem Titel...

Wie es weitergeht

Der Schock über Rons Tod sitzt tief bei den Jugendlichen. Doch an Aufgeben denkt jetzt niemand mehr. Ron bekommt das erste ›Staatsbegräbnis‹ der Republik. Besonders perfide: Ausgerechnet Rons größter Widersacher Bischoff vereinnahmt Ron dabei als Märtyrer für seine Sache. Kim, die Ron aufrichtig gemocht hat, kämpft voller Wut und Trauer gegen diese Vereinnahmung an – das Duell zwischen Kim und ihren Leuten und dem Triumvirat aus Bischoff, Lindi und Can setzt sich fort.

Dabei ist es ausgerechnet der brutale Schläger Can, der angesichts von Bischoffs berechnender Skrupellosigkeit und Lindis immer offenkundigerem Rassismus seine menschliche Seite entdeckt und schließlich in Kims Lager überwechselt. Mit seiner Hilfe wird Kim es schaffen, die Utopie der wilden Republik gegen Bischoff und Lindi zu verteidigen und die Gruppe zu einer verschworenen Gemeinschaft zu formen.

Und das ist auch bitter nötig angesichts der Gefahren, die ihnen drohen...

Die Verfolger

Währenddessen sind ihnen die Verfolger unter Führung von Kommissarin Kunzendorff weiter auf den Fersen. Sie kommen dem Versteck der Gruppe bedrohlich nahe – doch dann werden die zwei Jugendlichen gefunden, die mit den Kanus abgetrieben sind. Und zwar gänzlich anderswo, so dass Kunzendorff und ihre Truppen zunächst abgelenkt sind. Doch es ist nur eine kurze Verschnaufpause für die Jugendlichen. Denn die Suche geht unerbittlich weiter.

Inzwischen lässt sich das Verschwinden der Jugendlichen auch nicht länger verheimlichen – und so tauchen die ersten Eltern auf, die den Polizisten und dem Psychologen Sellien die Hölle heiß machen: Wo sind unsere Kinder?! Vor allem Rons Vater, den wir bereits als reich und durchsetzungsstark kennen gelernt haben, übt auf jeder Klaviatur Druck aus. Noch weiß er nicht, dass sein Sohn das erste Opfer der Gruppe ist. Noch weiß es niemand...

Doch nicht nur die Angehörigen der Jugendlichen bereiten Sellien massive Sorgen. Er muss außerdem erfahren, dass seine Frau Rebecca, die noch immer Geisel der Jugendlichen ist, vor kurzem einen positiven Schwangerschaftstest gemacht hat.

Seine Frau ist schwanger und Geisel. Sellien gerät immer mehr unter Druck...

Der Mord

Trotz aller dramatischen Ereignisse gerät der Mord an Bergführer Karl Baumgärtner, dem allseits beliebten Baumi, nie in Vergessenheit. Weder bei den Jugendlichen noch bei den Polizisten. Und die Dinge nehmen eine interessante Wendung, als die Polizisten mehr über das Mordopfer in Erfah- rung bringen.

Er war offenbar nicht nur der sympathische Naturbursche ›Baumi‹, als den wir ihn kennengelernt haben, sondern er hatte eine dunkle Seite...

Die Reichsbürger

Am bedrohlichsten für die Jugendlichen ist jedoch zunächst die äußere Gefahr durch die eigentlichen Besitzer der Bunker. Denn es stellt sich schnell heraus, dass der geheimnisvolle Mann, der im Kampf mit Ron sein Leben lassen musste, kein Einzelgänger war, sondern dass es sich um eine Gruppe an Verschwörern handelt.

Als die anderen Verschwörer erfahren, dass die Jugendlichen sich in ›ihren‹ Bunkern versteckt halten, werden sie zu gefährlichen Feinden: Es handelt sich um paramilitärische Reichsbürger, die an kein Gesetz außer ihrer eigenen kruden Vorstellungen glauben und die Jugendlichen für den Tod ihres Kameraden verantwortlich machen.

Und dass mit Ramers der Chef der lokalen Bergwacht und ein Mitglied des Krisenstabs zu den Verschwörern gehört, macht es ganz besonders brisant…

Die Rückblicke

In jeder Folge wird es zudem weitere Rückblicke geben, die uns die Hintergrundgeschichte und die Geheimnisse eines Gruppenmitglieds näher bringen.

So erfahren wir, wie YouTube-Sternchen Jessica von einer tiefreligiösen Familie adoptiert wurde, unter deren Repressionen sie litt und in die Schein- und Glitzerwelt ihres YouTube-Startums floh. Wie sie an Drogen und falsche Freunde geriet und vollkommen berauscht und ohne Führerschein durch die Nacht raste. Wird sie ihren Drogenentzug in der Gruppe den Griff kriegen? Wie wird sie mit ihrem Beinahe-Vergewaltiger Marvin umgehen? Und wozu führt ihre manische Sucht nach Aufmerksamkeit, die sie mit dem gefundenen Smartphone heimlich auslebt?

Wir erfahren den Background von Schläger Can und erleben mit, wie er von seiner Familie zu dem harten Typen geschmiedet wurde, der er heute ist: Mixed Martial Arts, Straßengang, Zuhälterei. Er war Mitglied einer kriminellen Clanstruktur -daher auch der Geheim-Code, in dem er schreibt. Doch als wir erfahren was er schreibt, lernen wir, wie sehr er sich eigentlich nach Geborgenheit und Fürsorge sehnt, die er nie kennengelernt hat. Diese Sehnsucht zeigt sich immer mehr auch in der Gruppe. Als ein Wolfswelpe in eine der Fallen tappt, die die Jugendlichen aufgestellt haben, ist es Can, der sich des Tieres annimmt. Er behauptet, er wolle einen ›Kampfwolf‹ aus ihm machen, doch es ist offenkundig, mit welcher zärtlichen Hingabe er sich dem schutzlosen Welpen widmet. Can ist es, der die größte Wandlung durchlaufen wird und sich schließlich auf die Seite der ›zivilisierten‹ Jugendlichen schlägt.

Und dann sehen wir den Flashback eines Jungen, der bereits als Kind Vergnügen daran fand, Tiere zu quälen und diese Quälereien schließlich auf den kleinen Nachbarsjungen ausweitete. Dabei fragen wir uns, welcher unserer Jugendlichen das wohl sein könnte – bis uns klar wird: Es ist keiner von ihnen.

Denn es ist die Hintergrundgeschichte des ermordeten Bergführers Karl ›Baumi‹ Baumgärtner! Unter der Maske des kumpeligen Raubeins verbarg sich ein soziopathischer Sadist!

Liegt darin das Motiv für den Mord? Hat der Bergführer sich an einem der Jugendlichen vergriffen und musste dafür bezahlen? Da inzwischen ja auch die Polizei in der Wohnung des Mordopfers inkriminierendes Material gefunden hat, liegt diese These nahe.

Doch dann zeigt sich, dass alles doch ganz anders gewesen ist...

Das Finale

Zum Finale eskaliert die Situation an allen Fronten: Interne Konflikte in der Gruppe, Kampf gegen die Reichsbürger, Anrücken der Verfolger. Und der Rückblick von Sozialarbeiterin Rebecca, die von der Geisel immer mehr zum Gruppenmitglied wird, offenbart uns schließlich auch, wer den Bergführer umgebracht hat: Es war Rebecca.

Da sie selbst unter Gewalterfahrungen in ihrer Kindheit litt, war es ein besonderer Schock für sie, als sie erkannte, dass der sie begleitende Bergführer genauso sadistisch ist, wie der Quäler aus ihrer eigenen Jugend. Im folgenden Streit sah Rebecca rot und die ganze Wut aus ihrer eigenen Erfahrung als Opfer schlug sich Bann: Sie übertötete Baumi. Es ist die clevere Kim, die als erste dahinterkommt, dass Rebecca die Mörderin ist. Doch was soll sie mit dieser Erkenntnis machen angesichts der sich zuspitzenden Ereignisse?

Denn sowohl die Polizei als auch die Reichsbürger rücken den Jugendlichen auf die Pelle. Durch Jessicas Social-Media-Postings erfährt nicht nur die Öffentlichkeit von der wilden Republik, sondern Kommissarin Kunzendorff kann die Gruppe dadurch auch lokalisieren. Die Polizei stürmt die Bunkeranlage - und stößt auf brutale Gegenwehr. Schüsse fallen, die Einsatzkräfte müssen ihrerseits Waffen und Blendgranaten einsetzen, um sich durchzusetzen.

Doch inmitten des spektakulären Finales ereilt uns die Überraschung: In den Bunkeranlagen überwältigen die Polizisten nicht die Jugendlichen, sondern die Verschwörergruppe der Reichsbürger - die Jugendlichen haben ihre Gegner geschickt gegeneinander ausgespielt.

Die Gruppe selbst ist schon längst weiter geflohen - immer tiefer in die unwirtliche Wildnis der Alpenregion. Sie sind entschlossen, den Traum ihrer wilden Republik so schnell nicht aufzugeben. Und - noch eine Überraschung - sie sind damit nicht allein: Jugendliche Ausreißer, die die Abenteuer der Jugendlichen auf Jessicas Social-Media-Account verfolgt haben, schließen sich ihnen an.

Das heißt: Neue Figuren, neue Konflikte und neue Abenteuer für eine zweite Staffel...

Creators

Jan Martin Scharf und Arne Nolting

Jan Martin Scharf und Arne Nolting gehören zu den aktuell erfolgreichsten Drehbuchautoren Deutschlands. Gemeinsam verantworteten sie unter anderem die VOX-Hit-Serie *Club der roten Bänder*, die sowohl mit dem Deutschen Fernsehpreis 2016 als Beste Serie sowie mit dem Grimme-Preis in der Kategorie Kinder und Jugend ausgezeichnet wurde.

Die Serie überzeugte aber nicht nur Jurys und Kritiker, sondern markierte auch einen großen Quotenerfolg für VOX. Eine zweite Staffel ist bereits in Entwicklung. Im gleichen Jahr wurde auch die von ihnen entwickelte und geschriebene Mysterie-Serie *Weinberg* (für den Pay-TV-Sender TNT Serie) ebenfalls mit dem Grimme-Preis ausgezeichnet und für den Deutschen Fernsehpreis nominiert.

Mit der Sat.1-Serie *Der letzte Bulle* gewannen sie 2012 den Deutschen Fernsehpreis für die Beste Serie sowie den Jupiter-Preis 2014 für die Beste deutsche TV-Serie. Für die ZDF-Reihe *Wilsberg*, die ZDF-Serien *SOKO Köln* und *Letzte Spur Berlin* sowie die RTL-Actionserie *Alarm für Cobra 11* schrieben Scharf und Nolting seit dem Jahr 2000 zahlreiche weitere Drehbücher.

Lailaps Films GmbH, Produktion

Nils Dünker (Produzent und geschätsführender Gesellschafter) begann seine Karriere mit einer Ausbildung zum Fotografen und ging 1989 nach Los Angeles. Dort sammelte er Erfahrung als Aufnahmeleiter für Independentproduktionen. Anschließend studierte er bis 1996 an der HFF-München und arbeitete als freier Produktionsleiter für Musik-Clips und Commercials bei Me, Myself & Eye. 1997 wechselte er als Head of Production und später als Produzent zur Helkon Media AG. Hier entstanden Filme wie *14 Tage lebenslänglich, Kismet, Annas Fluch, Der Schandfleck, Der Tote Taucher im Wald* oder *Nichts als die Wahrheit*. Ende der 1990er-Jahre zog es ihn nach Berlin, wo er drei Jahre lang das Stoffentwicklungsbüro für die TV60 Filmproduktion aufbaute und leitete. Im April 2003 machte sich Nils Dünker als freier Producer selbständig und gründete im Juli 2006 die Lailaps Pictures GbR. Parallel hierzu ging er eine First Look-Vereinbarung mit der Monaco Film GmbH in Hamburg ein, für die er die beiden Marcus H. Rosenmüller-Filme *Beste Zeit* und *Beste Gegend* produzierte. Dünker ist Co-Entwickler der Serienbibel zu einer der erfolgreichsten Primetime-Serien des ZDF - *Der Kriminalist*. Ebenso entwickelte und produzierte er den Eventfilm *Westflug - Entführung aus Liebe* im Auftrag von RTL. Mitte 2010 erfolgte die Umwandlung der Lailaps Pictures in eine Kapitalgesellschaft. 2012 koproduzierte er den Spielfilm des Oscar-Preisträgers Paul Haggis, *Third Person*, mit Liam Neeson, Mila Kunis, Olivia Wilde, James Franco und Adrian Brody in den Hauptrollen. Im darauffolgenden Jahr begannen in New York die Dreharbeiten zu Peter Bogdanovichs Komödie *Broadway Therapy*, mit Jennifer Aniston und Owen Wilson in den Hauptrollen. Mit seiner Firma Lailaps Pictures fungierte Dünker hier erneut als einer der finanzierenden Produzenten.

2014 stellte Lailaps in Berlin und auf Mallorca für den WDR die mehrfach nominierte und prämierte satirische Komödie *Vorsicht vor Leuten* her. Wenig später fiel die erste Klappe der deutsch-luxemburgische Koproduktion *Die Dunkle Seite des Mondes*, der Verfilmung des Bestsellers von Martin Suter.

Im Oktober 2015 begannen die Dreharbeiten zu *Eine unerhörte Frau*. Hans Steinbichler führte Regie bei dem vom FFF-Bayern geförderten Fernsehfilm für ZDF/Arte. Mit *Our Last Tango* - Executive Producer: Wim Wenders - betätigt sich Lailaps 2015 erstmals auch als Produzent von Dokumentarfilmen. Ein Jahr später ging der deutsch-österreichische Spielfilm *Die beste aller Welten* - Regie: Adrian Goiginger - in den Dreh. Gefolgt von der ZDF/Arte-Produktion *Ein Kind wird gesucht* im April 2017 unter der Regie von Urs Egger.

handwritten Pictures GmbH, Koproduktion

Während des Studiums an der Filmakademie Baden-Württemberg produzierten Eric Bouley und Christopher Sassenrath u.a. den Science-Fiction-Kurzfilm *Kryo* (Hauptpreis Bester Genrefilm, Genrenale 2016: Nominierung Produzentenpreis, Sehsüchte-Studentenfilmfestival). Ende 2014 gründeten sie die handwritten Pictures GmbH, die Fiction-Content für Kino und TV produziert. 2016 wurden Bouley und Sassenrath mit dem Prime Time Preis von ProSiebenSat.1 für ein TV-Movie-Konzept ausgezeichnet. 2016 und 2017 gewannen sie den RTL Start Up Preis jeweils für Serienkonzepte. 2017 Koproduktion des Fernsehspielfilms *Ein Kind wird gesucht* für die Prime Time des ZDF. Seit Januar 2018 ist die handwritten Pictures GmbH eine Tochterfirma der X-Filme Holding GmbH.

Fact Sheet

FORMAT	Horizontal erzählte Serie
LÄNGE	8 x 45 Minuten
GENRE	Thriller/Adventure/Drama
SPRACHE	Deutsch
DREHBUCH	Jan Martin Scharf, Arne Nolting und Klaus Wolfertstetter
REGIE	Lennart Ruff, Makus Goller
PRODUZENT	Nils Dünker
PRODUKTION	Lailaps Pictures und X Filme
KOPRODUKTION	handwritten Pictures GmbH
DREHORTE	Bayerische Alpen, Südtirol, Köln und Umgebung

Statement

Arne Nolting und Jan Martin Scharf
Wild Republic – Entstehungsgeschichte einer Serie

Der Produzent Nils Dünker von der Lailaps Filmproduktion kam mit der Idee seines damaligen Mitarbeiters Eric Bouley auf uns zu: Was, wenn eine Gruppe delinquenter Jugendlicher in der entlegenen Wildnis der Alpen einer pädagogischen Maßnahme entfliehen und einen eigenen Staat gründen würde?

Eine *Herr der Fliegen*-Variante in den zeitgenössischen Alpen. Für uns ein toller Pitch.

Also begannen wir mit unserem Kollegen Klaus Wolfertstetter genauer nachzudenken: Wer sind die Charaktere? Was für Persönlichkeiten prallen aufeinander? Wie ist die Ausgangssituation? Wo sind die Twists and Turns?

Schell war klar: Auslösender Moment müsste ein Mord sein. Was sonst würde ein Geheimnis in sich tragen, dass die Kraft hat die Gruppe zugleich zu vereinen – und zu spalten. Jede unserer Hauptfiguren hat guten Grund zu glauben, dass man ihr den Mord zutrauen würde. Das schweißt sie zusammen. Aber zugleich weiß jede auch, dass sie den Mord nicht begannen hat – und somit einer aus der Gruppe lügen muss. Was die Gruppe grundsätzlich spaltet. Das ist das unauflösliche Dilemma, das jede Serie überhaupt erst interessant macht.

Weitere Kerngedanken: Wenn jede der Figuren in der Wildnis einen Neuanfang starten möchte, müssen wir wissen, wovor sie überhaupt wegläuft. Welche Erfahrung treiben sie, welches Trauma prägt sie? Und weiter: Wenn die Protagonisten sich nicht kennen, welche Gesichter setzen sie voreinander auf? Und ganz entscheidend: Wann zeigt ein jeder sein wahres Gesicht, wann geht die Maske runter? Und wie lange tragen die praktischen Probleme des Überlebens in der Wildnis überhaupt erzählerisch? Hunger, Kälte und Druck durch die Verfolgung. Wie lange ist das interessant?

Die Idee zur Lösung dieser narrativen Probleme war die Struktur, in der jede der Figuren eine Folge bekam, in der ihre Backstory im jeweils ursprünglichen Heimat-Milieu als Flashback erzählt wird. Und das verwoben mit der Gegenwartshandlung. Klassisch – und effektiv.

Wir ersannen die Traumata unserer Figuren als episodische Geschichten in sich. Geschichten, die in einzelnen Sequenzen erzählt das Psychogramm eines Menschen entwerfen und jeweils ein Thema hatten. Entsprechend dazu erfanden wir spannende Situationen in der Gegenwart, die eine andere Facette desselben Themas dieser Figur widerspiegelten. Und wir gaben uns viel Mühe, die Flashbacks derart anzuordnen, dass sie die Ongoing-Erzählung der Gegenwart in den spannendsten Momenten nicht nur dramaturgisch geschickt unterbrechen, sondern auch emotional und psychologisch bereichern.

Das Ergebnis dieser Mühen war: Eine begeisterte Redaktion von Magenta TV angeführt von Sven Philipp und Arnim Butzen, beraten von Irina Ignatiew. Produzent Nils Dünker holte den Beta-Weltvertrieb und Fördermittel aus NRW und Südtirol dazu. Wir brachten nach Magenta auch den WDR mit dem Redakteur Götz Bolten an Bord und in der Folge auch den SWR (Brigitte Ditthard), Arte (Uta Cappel) und One (Silke Holgersson).

Die Finanzierung stand. Die ersten vier Drehbücher standen. Weitere vier standen in einer ersten Fassung. Es konnte losgehen. Alles war auf einem guten Weg...

6. Das Format

In fast allen Serienkonzepten gibt es ein Kapitel, das das Serienformat genauer beschreibt. Die Prämisse, die Grundregeln, die Art und Weise, wie die einzelnen Episoden ›funktionieren‹ werden, das grundlegende Thema (»Es ist eine Serie über Machtmissbrauch/Einsamkeit/Verlust/die Stellung der Frau in der Gesellschaft, usw.«). Ein Kapitel ›Format‹ hat auch für Sie als Autor Vorteile: Hier sind Sie gezwungen, genauer zu formulieren, was Sie sich eigentlich unter der Serie vorstellen. Und dies auf kurze und prägnante Art und Weise.

Lassen Sie uns kurz über Franchise reden. Warum? Ich komme später darauf zurück. Was genau ist Franchise? Nun, jeder McDonalds, Burger King, Subway, Starbucks, usw. ist ein Franchise, d.h. ein Betreiber einer Filiale kauft beim Konzern neben den Burgern und anderen Zutaten, Lieferkonzepten und Abrechnungssystemen auch eine Art Regelbuch. Darin ist detailliert formuliert, wie diese einzelne Filiale zu funktionieren hat, wie sie aussieht, was sie anbietet und was nicht. Das hat zur Folge, dass jedes der oben angesprochenen Franchise-Konzepte *überall auf der Welt gleich* funktioniert: In jeder Starbucks-Filiale gibt es (fast) identische Kaffee- und Kuchenrezepturen, ein ähnliches Innendesign, ähnliche Musik, ein ähnliches W-Lan-Konzept, eine ähnliche *Stimmung*, wenn man den Laden betritt – egal ob in Hongkong, London, Dubai oder Prag. Und *kein* Starbucks irgendwo auf der Welt wird plötzlich Pizza anbieten. Oder Kohlrouladen.

Und genauso funktioniert eine Serie: Immer auf dieselbe Art und Weise. Das Franchise-Konzept der Serie: Jede Episode muss gleich sein – und zur selben Zeit muss jede Episode neu, frisch und anders sein.

Bei linearen, episodalen Formaten ist dies relativ einfach zu sehen: Jede Episode hat einen ähnliche Einstieg, Aufbau, Fallhöhe und Klimax. Gleichzeitig vermittelt sie dem Zuschauer immer das Gefühl, einer neuen Erzählung beizuwohnen – allerdings innerhalb dieser genannten Bahnen. Es gibt einen neuen Plot, der Fall der Woche ist jedes Mal ein anderer. Er dient jedoch dazu, die Figuren und die Mechanik, nach der sie funktionieren, ihre Strategie, wie sie ihre Aufgabe angehen und erledigen, jedes Mal aufs Neue in Gang zu bringen. Der Krimifall wird stets durch dieselben Figuren mit denselben Mechanismen gelöst.

Das Franchise-Konzept gilt aber auch für stark horizontale Formate. Für Serien, die sich vielleicht sogar erzählerisch mäandernd einem langfristigen Staffelziel nähern. Allerdings agieren in horizontalen Serien dieselben Figuren auf dieselbe Art und Weise in stets der gleichen Tonalität. Auch diese Serien erfüllen Folge für Folge immer auf die gleiche Art und Weise die Erwartungen der Zuschauer an Inhalt, Struktur, Figurenführung, Tonalität, Mechanik, usw. In jeder Folge muss dem Zuschauer dasselbe Gefühl vermittelt werden: Ja, das ist eine Folge *GoT, Dexter, House of Cards, The End of the F***ing World*, usw. Man wird niemals das Gefühl haben, zwischendurch in *Marienhof* gelandet zu sein.

Sprich: Eine Drama-Serie ist *immer* eine Drama-Serie und sie wird NIE eine Musical-Episode haben. Gut, es sei denn, es ist *Buffy the Vampire Slayer*. Oder *Xena – Die Kriegerprinzessin*. Oder *Hercules* (mit der Sonderfolge, in der plötzlich die Drehbuchautoren, Produzenten und Regisseure auftreten). All diese (und weitere) Serien hatten bestimmte Specials – Sonderfolgen in denen sich die Macher oft selbstironisch aufs Korn nahmen.

Natürlich wird es auch in horizontalen Serien immer Episoden geben, die sich von anderen unterscheiden. Weil sie beispielsweise besonders emotionale Phasen im Leben der Figuren erzählen. Oder einen besonders großen Action-Anteil haben, wie Beispielsweise Folge 4 der ersten Staffel von *True Detective* mit dem mittlerweile legendären *long-shot*. In keiner der anderen Folgen des Formates gab es eine derart ausführliche und packende Actionsequenz. Und dennoch war auch hier klar: Ich befinde mich immer noch in ›meiner‹ Serie.

Serielles Erzählen ist so unterschiedlich wie nur was und es gibt – gerade in den letzten Jahren – immer mehr erzählerische Experimente, die Grenzen werden weiter und weiter ausgelotet und daher gibt es immer mehr Serien, die sich den bis dato bestehenden Regeln entziehen und auf die bestimmte hier formulierte Prämissen nicht zutreffen.

Aber es gilt: Je klarer und deutlicher eine Serie ihrem Franchise folgt und je deutlicher ihre Strukturen und Mechanismen definiert sind, desto eher spricht man von einem Format. Ein Format ist leichter definier- und erkennbar. Und das macht es leichter, eine Serie über Landesgrenzen hinweg zwecks einer Adaption zu verkaufen...

Da eine Serie wie ein Franchise funktioniert, bietet sie Verlässlichkeit nicht nur für den Zuschauer, sondern auch für den Sender. Sender und Streamingdienste sind immer auf der Suche nach Erzählungen, mit denen sie Zuschauer langfristig binden können. Natürlich werden alle Broadcaster auch besondere, womöglich kürzere Formate produzieren, wenn die Idee herausragend genug oder beispielsweise der Cast außergewöhnlich ist. So können sie vielleicht besondere Aufmerksamkeit generieren. Und nichts ist wichtiger in der heutigen Konkurrenzsituation. Leuchttumformate, Stunts, Specials, High-Quality-Produktionen, die es aufgrund der immensen Kosten, der nur einmaligen Verfügbarkeit eines bestimmten Stars oder der definitiv abgeschlossenen Erzählung nur ein einziges Mal geben wird - immer gerne. Aber alle Sender brauchen auch Programme, mit denen sie die Zuschauer füttern, also bedienen können. Die Streamer müssen die Zuschauer hinter ihrer Bezahlschranke halten, die Privatsender weiterhin ihre beiden Zielgruppen Zuschauer *und* werbetreibende Industrie bedienen und die öffentlich-rechtlichen Sender weiterhin ein Programmangebot für alle anbieten. Sie alle brauchen langfristige Serien. Und sie alle wollen eines: eine Marke bilden. Sender *brauchen* Marken um ihr Profil zu schärfen/ bzw. überhaupt erst ein Senderprofil zu etablieren: Wodurch hebe ich mich von der Konkurrenz ab? Was gibt es nur bei mir? Warum sollten die Leute mich einschalten? Geld für mein Streaming-Modell ausgeben?

Wenn eine Serie ein möglichst prägnantes Alleinstellungsmerkmal hat und dazu die Möglichkeit, es in vielen Episoden zu wiederholen, kann man mit dieser Serie langfristig eine Marke aufbauen. Womit wir zurück beim Franchise wären. Denn das ist nichts anderes, als der Verkauf oder die Vermietung einer Marke.

Im Kapitel ›Das Format‹ beschreiben Sie die Regeln und Gesetzmäßigkeiten, nach denen Ihre Serie funktioniert. All das, was über Figuren, Erzählstrukturen und Inhalt hinaus geht.

7. Kontext

7.1 Statement / Die Idee / Warum jetzt?

Manche Serienkonzepte haben ein Kurzkapitel genannt ›Die Idee‹ o.ä. in dem Sie kurz die Serienprämisse auf den Punkt bringen. Oft wird dieses dem Konzept vorangestellt (wie man im folgenden Beispiel von *Frau Jordan stellt gleich* sieht) und Sie versuchen, in wenigen Sätzen die Grundidee auf den Punkt zu bringen. Sie wollen dem Leser vermitteln, auf welche Art Serie er sich hier einlässt. Stellenweise deckt sich dies mit einem Kapitel ›Das Format‹, das dann aber immer ausführlicher und eher später im Konzept angesiedelt ist.

Andere Konzepte beinhalten ein Kapitel Statement. Hier stellt man kurz dar, warum man diese Idee entwickelt hat und warum man glaubt, dass diese erfolgreich sein könnte. Dazu gleich mehr. Vor allem ist ein Statement-Kapitel oft der Platz, um eine persönliche Anbindung zu der Idee zu formulieren – so sie denn vorliegt. Also:

Was war die Inspiration? Ist es die Lebensgeschichte Ihrer Großmutter? Ist es ein besonderes Erlebnis, das Sie dazu veranlasst hat, über ein bestimmtes Thema nachzudenken? Sind Sie im Rahmen einer Recherche darauf gestoßen? Waren Sie selbst einmal OP-Schwester und fühlen die Realität im Krankenhaus in den bestehenden Serien falsch dargestellt?

Was auch immer es ist, versuchen Sie es nicht zu gefühlig, aber dennoch emotional zu beschreiben. Eine persönliche Anbindung, die durch eigene Erfahrungen geprägt ist, hat einen unschätzbaren Vorteil: Die Geschichte bekommt eine Echtheit. Sie sind Profi, Sie wissen, was Sie erzählen. Sie haben Einblicke in eine Welt, die anderen vielleicht verschlossen bleibt. Mit diesem Insiderwissen kann man in andere Erzähldimensionen vordringen, als das durch Recherche möglich ist. Weil Sie eben Anwalt sind/waren und zahllose Beobachtungen über das Rechtssystem, den Einfluss der Persönlichkeitsstruktur eines ›neutralen‹ Richters auf das Urteil, das Verhalten von Beschuldigten oder der Angehörigen, über Ohnmacht, Wut, Erleichterung, was auch immer gemacht haben. Vielleicht haben Sie daraus den Drang entwickelt, ein bestimmtes Thema zu erzählen – weil Sie irgendetwas daran bislang falsch dargestellt sehen. Facetten nicht beachtet, usw. Jedenfalls: weil Sie womöglich persönlich und emotional involviert sind.

Wenn der Leser begreift, dass Sie diese Geschichte unbedingt erzählen wollen, nein *müssen*, ist das viel wert. Sie machen ihm damit klar, dass diese Geschichte etwas Besonderes für Sie ist. Selbst wenn Sie – natürlich – noch diverse andere Konzepte parallel entwickeln und in der Schublade haben. Ihr Ziel muss es sein, dem Leser zu vermitteln: Dies hier ist etwas ganz Besonderes. Und ich brenne dafür, diese Geschichte zu erzählen. Selbst, wenn dem nicht so sein sollte.

Andere Konzepte haben ein besonderes Kapitel, genannt ›Warum jetzt?‹ Auch wenn Sie dazu kein eigenes Kapitel anlegen, sollten Sie diese Frage an anderer Stelle im Konzept beantworten: Warum soll jemand diese Serie entwickeln/produzieren/senden wollen?

Wie schon zuvor angesprochen lassen sich viele Geschichten auf immer dieselben Muster zurückführen. Auch wenn Sie eine *Girl meets Boy*-Geschichte erzählen, sollten Sie immer versuchen, herauszustellen, was das Besondere daran ist. Ja, wir reden über den USP. Das Alleinstellungsmerkmal Ihrer Serie muss immer klar sein: Was unterscheidet meinen Krimi von den anderen unzähligen Formaten dieses Genres? Was ist neu daran? Ungewöhnlich? Frisch? Anders?

Und wenn es einfach nur ist, dass Sie diesen Hauptdarsteller haben, der vorher noch nie eine Serie (oder überhaupt irgendwas) gespielt hat, dessen Name aber so bekannt und groß ist, dass Sie damit gehörige Aufmerksamkeit entwickeln werden. Vielleicht ist es nur das. Es kann ein Grund sein, warum etwas gemacht wird. Aber dennoch müssen Sie versuchen, ein qualitativ solides und überzeugendes Seriennarrativ zu entwickeln. Denn, um auf anderer Ebene zu argumentieren: De Saussure sagt, *langue* und *parole* (also Sprachsystem und Sprachgebrauch) sind zwei Seiten einer Medaille. Genauso wie Figur und Handlung – die beiden lassen sich nicht trennen.

Eine Figur ist wie sie ist und daher handelt sie, wie sie handelt. Und andersherum: Eine Figur handelt, wie sie handelt und das bestimmt ihren Charakter. Übertragen auf Ihren herausragenden Darsteller: Auch er oder sie kann nur so gut sein, wie die Erzählung ihn oder sie gut sein lässt. Ohne gute Geschichte kein Erfolg.

7.2 Das Thema

Die eben gestellte Frage »Warum jetzt?« ist immer auch mit dem Thema verknüpft. Ist das Thema groß genug? Spricht es möglichst viele Zuschauer an? Und falls nicht – welche besondere Zuschauergruppe, die ein Sender gerade erreichen möchte? Ist es also besonders *jung* oder besonders *spitz*? Vor allem aber: Ist das Thema gesellschaftsrelevant? Haben Sie beobachtet, dass es bestimmte Bevölkerungsschichten und damit Zuschauer anspricht, liegt es ›in der Luft‹, wollen Sie womöglich den laufenden Diskussionen dazu einen Gegenpunkt oder ein Argument liefern? Was auch immer Ihren Stoff *zeitgemäß* macht, sollten Sie herausstellen. Es ist immer ein Argument dafür, diese Serie *jetzt* machen zu wollen.

Und wenn es Ihnen dann auch noch gelingt, herauszustellen, was die zugrundeliegenden Emotionen in Ihrer Geschichte sind, dann fügen Sie dem ›verkopften‹ Bereich Thema auch noch eine gefühlsmäßige Grundlage hinzu. Ja – das ständige Wiederholen des Begriffs ›Emotion‹ kann womöglich stören. Aber wir dürfen nie vergessen: Wir Menschen sind emotionale Wesen, Gefühle leiten unser Verhalten und unsere Entscheidungen. Natürlich ist auch der Kopf daran beteiligt (zum Glück!) und bestimmt hat er sogar den Vorrang, wenn es darum geht, eine Millionenentscheidung für ein Seriengreenlight zu treffen – aber wenn es Ihnen vorher nicht gelungen ist, die Leser emotional durch ihr Konzept zu packen und ihnen gleichzeitig zu signalisieren, wie Sie dies bei den Zuschauern zu tun gedenken, werden Sie kein Greenlight bekommen.

Konzeptbeispiel

Frau Jordan stellt gleich

Die amtliche Serie über Frauen. Und Männer.
Von Ralf Husmann
Mit Katrin Bauerfeind

Format: Sitcom, 25 Minuten

»Frauen, die mit Männern gleichgestellt sein wollen, fehlt der Ehrgeiz.«
Timothy Leary

Idee

Die komische Seite der Frauen bestand lange aus der Beschäftigung mit Sex und der City, oder die Frauen waren *desperate housewives* und es ging um Sex in der Vorstadt. Die Frauenfrage hieß also oft genug: Wer mit wem, wie oft und wie lange und wer liegt oben?

Diese Serie beschäftigt sich mit anderen Frauenfragen: Wieso wirbt man auch für Fischbrötchen mit nackten Brüsten? Ist Stalking bloß eine ganz besonders intensive Art seine Zuneigung zu zeigen? Wie viele Toiletten für wie viele Geschlechter braucht man wirklich und darf es bei der Feuerwehr tatsächlich keine Frauen geben, nur weil die Tatütata-Jungs es unzumutbar finden, mit jemandem Brände zu löschen, der langsamer läuft und weniger säuft als sie? Solche Fragen werden hier amtlich beantwortet. Im wahrsten Sinne. Von Eva Jordan, einer Frau, die sich von Berufs wegen darum kümmert. Diese Serie ist die weibliche Antwort auf Mario Barth, sie zeigt, dass Frauen im Büro nicht weniger peinlich sein müssen als Bernd Stromberg und vor allem auch, dass man über Frauen lachen kann, selbst wenn es nicht um Sex geht. Wobei, darum geht's natürlich auch. Und um die Frage, wie man als moderne Frau im Zeitalter von Tinder, YouPorn und Partnervermittlungsbörsen diese verdammte Sache mit der Liebe hinkriegen soll. Aber der Reihe nach:

Figuren

Eva Jordan (Katrin Bauerfeind) ist Gleichstellungsbeauftragte. Ein harmlos klingender Titel, der bei älteren Herren noch Assoziationen von lila Haaren, Latzhose und Selbstgestricktem auslöst – bis sie Eva kennenlernen und sofort verstehen, warum Eva zur ›Miss Stadtverwaltung‹ gewählt wurde. Ein Wettbewerb, den sie als Gleichstellungsbeauftragte gleich mal abgeschafft hat. Es soll schließlich bei Frauen nicht nur um Äußerlichkeiten gehen.

Sie hat trotzdem in ihrem Kühlschrank mehr Nagellacke als Gemüse, kann mühelos ein Dutzend Modedesigner auseinanderhalten, und legt Wert auf die Feststellung, dass man auch auf hohen Absätzen gleichberechtigt sein kann. Wer allerdings denkt, ›attraktiv‹ sei das lateinische Wort für ›doof‹, lernt Eva schnell kennen. Auch wenn ihre Faust in lackierten Fingernägeln endet, kann sie damit auf den Tisch hauen. Und den Tisch zur Not vorher auch noch selbst zusammenbauen. Sie kann zuhören und einparken und an guten Tagen zwei Russen unter den Tisch trinken. Alkohol hat allerdings auch mitunter eine Nebenwirkung namens Phillip – aber dazu später mehr. Eva ist der Dreh- und Angelpunkt in ihrem Team.

Renate Kimmlinger. Hundertprozentig loyal, aber leider auch siebzigprozentig labil. Sie hat sich mitunter nicht gut im Griff. Von naiv zu aggressiv zu depressiv in weniger als zwei Minuten ist bei Renate keine Seltenheit. Ihre Stimmungen schwanken stärker als ein betrunkener Seemann auf Landgang. Aber sie hält den Laden zusammen und kennt die Stadtverwaltung in- und auswendig. Sie weiß, wer welchen Dreck am Stecken hat und wo die wunden Punkte liegen. Ihre liegen in einer schwierigen Ehe und einer Tochter, die ihr Vorwürfe macht.

Yvonne Papadakis, deutsche Mutter, griechischer Vater und eine Lebensgefährtin, die sie seit drei Jahren demnächst heiraten will. Aber immer kommt was dazwischen. So ein Lebensentwurf braucht Humor. Den hat Yvonne, aber er ist trocken wie die Sahel-Zone und ausgesprochen direkt. Diplomatie ist was für Weicheier. Dafür hat Yvonne ein weiches Herz für Tiere. Und ein Faible für Computer und Technik.

Phillip Stenzel ist noch in der Ausbildung. Einer aus der neuen Generation, für die sich die Frage nach der Gleichberechtigung der Geschlechter gar nicht mehr stellt. Im Gegenteil. Er findet es unproblematisch, wenn die Frau mehr verdient. Er würde auch zu Hause bleiben und auf die Kinder aufpassen. Er findet starke Frauen super. Ältere Frauen auch. Zum Beispiel Eva Jordan. Der Haken ist: Eva findet ihn nüchtern eher mittel. Ohne den besagten Weißwein und einige andere Umstände hätte sie sich nie auf ihn eingelassen. Schon gar nicht mehrfach. Das war ein Fehler.

Eine, die ein waches Auge auf Evas Fehler hat, ist Evas direkte Vorgesetzte, **Dr. Brigitte Sommerfeld**, Stadtdirektorin, mit Ambitionen die nächste Bürgermeisterin zu werden. Sie hat es ganz ohne Gleichstellungsbeauftragte nach oben geschafft. Deswegen hat sie das Gefühl – ähnlich wie Angela Merkel oder Hillary Clinton – es ist nicht hilfreich, die Wähler zu sehr darauf hinzuweisen, dass sie eine Frau ist.

Ist das Frauen/Männer-Ding nicht eigentlich eh längst durch? Jetzt, wo Männer sich in größter Selbstverständlichkeit neben ihrem Auto auch um den Kinderwagen kümmern? Wo wir nicht nur eine Kanzlerin haben, sondern Frauen sogar Gewichtheben, Panzer fahren, oder den Internationalen Währungsfond leiten?

Nö, findet Eva. Gerade jetzt erst recht! Wo die AfD und der Islam die Zukunft der Frauen wieder vermehrt in der Küche sehen. Wo unter den 100 reichsten Deutschen gerade mal neun Frauen sind und der Frauenanteil bei den Aufsichtsräten der größten Konzerne unter 20 Prozent liegt, während die Alleinerziehenden zu 85 Prozent Mütter sind. Sie sieht sich auch als Gegenentwurf zu Heidi Klum, die jungen Mädchen einredet, sie dürften ein zulässiges Gesamtgewicht nicht überschreiten, zu all den Eltern, bei denen Prinzessin Lillifee Pippi Langstrumpf aus den Mädchenzimmern verdrängt hat und die plötzlich spezielle Überraschungseier für Mädchen kaufen und zu all den Chefs, bei denen Frauen eben immer noch weniger verdienen, weil sie schließlich früher oder später doch alle schwanger werden. Deutschland braucht Eva Jordan mindestens so wie Gotham City Catwoman...

Struktur

Zentraler Spielort der Episoden ist Evas Büro in der Stadtverwaltung. Neben ihrem Chefbüro gibt es noch das Großraumbüro für Renate, Yvonne und Phillip, sowie den Gang, an dessen Ende das Büro von Brigitte Sommerfeld liegt, sowie eine Kaffeeküche. Darüber hinaus gibt es pro Folge jeweils einige wenige Außen- bzw. Episodenmotive. Der Look ist filmisch-modern, also eher *Parks and Recreation* als *The Big Bang Theory*.

Jede Folge befasst sich mit jeweils einem Thema aus Eva Arbeitsfeld, zum Beispiel eben der Frage, ob die Werbung eines lokalen Unternehmens sexistisch ist und was man dagegen tun kann. Eine Frage, die natürlich den Chef des Unternehmens auf den Plan ruft, der gar nicht einsieht, seinen Werbeetat einzustampfen, weil ein paar durchgedrehte Weiber seine Plakate plötzlich anstößig finden. Zeitgleich entschließt sich die PR-Abteilung der Stadt, einen Kalender der städtischen Feuerwehr rauszubringen, in dem ein paar knackige Jungs mit ihren großen Spritzen posieren. Unwissentlich torpediert Phillip Evas Ambitionen, indem er ihr nicht ganz jugendfreie Fotos von sich schickt. Keine gute Idee im Zeitalter von sozialen Netzwerken und nach wie vor neugierigen Kollegen. Während sich am Ende die Frage der sexistischen Werbung auflöst, wird die private Geschichte von Eva und Phillip kontinuierlich weitererzählt, so dass eine Mischung aus episodischem und horizontalem Erzählen entsteht.

Diese Serie zeigt, wo wir aktuell gerade stehen im Verhältnis zwischen Männern und Frauen, Gender und Hipster, Elternzeit und Binnen-I, Cellulite und Elite, Flirt und Feminismus. Sie zeigt, dass man dafür vor allem eins braucht: Humor. Und wir werden sehen, wer am Ende zuletzt lacht. Viel Spaß dabei!

Katrin Bauerfeind begann ihre Karriere im ersten deutschen Internetfernsehen ›Ehrensenf‹ Sie portraitierte in *Bauerfeind assistiert...* Prominente von Sarah Connor bis Leander Haußmann, die sie jeweils einen Tag lang als persönliche Assistentin begleitete. Daneben arbeitet sie auch als Schauspielerin, zum Beispiel mit Olli Dittrich in *König von Deutschland*, mit Misel Maticevic in *Zorn* oder mit Matthias Schweighöfer in der Amazon-Serie *You are wanted*. Katrin Bauerfeind veröffentlichte die Bücher *Mir fehlt ein Tag zwischen Sonntag und Montag* und *Hinten sind Rezepte drin - Geschichten, die Männern nie passieren würden*. Beide waren wochenlang in den Top-Ten der *Spiegel*-Bestsellerliste. Sie plädiert darin für einen von ihr erfundenen Humor-Feminismus und will endlich mit dem Vorurteil aufräumen, Frauen seien ähnlich unbegabt zur Komik wie die Taliban. »Wer mit mir keinen Spaß hat, den lach ich fertig«.

Ralf Husmann war als Autor und Produzent zuständig für Formate wie *Stromberg, Dr. Psycho* und *Der kleine Mann*. Er schrieb u.a. auch die Drehbücher für den *Tatort - Dresden* mit Alwara Höfels und Martin Brambach und hat seine beiden Romane *Nicht mein Tag* und *Vorsicht vor Leuten* fürs Kino bzw. Fernsehen adaptiert. Er wurde für seine Arbeit mehrfach mit dem Grimme-Preis, dem Deutschen und Bayrischen Fernsehpreis, dem Deutschen Comedypreis, sowie zahlreichen weiteren Preisen ausgezeichnet.

Statement

Ralf Husmann

Ausgangspunkt der Serie war Katrins Buch *Hinten sind Rezepte drin – Geschichten die Männern nie passieren würden*. Meine Produzentin Nanni Erben schlug vor, aus der Kombi ›Katrin plus moderne Frauenthemen‹ eine Serie zu machen und da kam ziemlich schnell das Gleichstellungsthema auf den Tisch, weil eine städtische Gleichstellungsbeauftragte im wahren Leben ein recht umfangreiches Aufgabengebiet hat, was sehr viele unterschiedliche Aspekte beinhaltet. So was ist ja immer gut, wenn man hofft, zwei, drei, vier Staffeln zu machen. Wie immer hab ich auch hier versucht, das Konzept und die Figurenbeschreibung so kurz wie möglich zu halten. Nach meiner Erfahrung weckt man entweder sehr schnell das Interesse eines Auftraggebers oder gar nicht. Ich finde umfangreiche Figurenbibeln, in denen der schulische Werdegang der Figuren und die Hobbys ihrer Eltern aufgelistet werden, sinnlos. Konzepte sind wie Kontaktanzeigen, sie sollen in möglichst wenigen Worten möglichst viel Interesse für die Personen wecken.

Sobald der Castingprozess einsetzt, verändern sich meine Charaktere eh. In diesem Fall wurde zum Beispiel der Love Interest der Hauptfigur Eva nach dem Casting gute zehn Jahre älter, ganz simpel, weil wir in drei Castingrunden nicht den richtigen Philipp gefunden haben und ich dann dachte, lass uns doch spaßeshalber mal ein bisschen älter werden. Ich finde es hilfreich, wenn man im Konzept einer lustig angelegten Serie schon mal schmunzeln kann. Idealerweise wird auch die angepeilte Humorfarbe schon mal deutlich.

Wie in den meisten Fällen haben wir auch bei **Frau Jordan** nach dem Casting an einem Drehtag einen kleinen Mood-Piloten gedreht, um da dann selbst auch noch mal festzustellen, was schon funktioniert und was nicht. Die Kombination aus Konzept, Casting und Mood-Pilot ist aus meiner Sicht eine sehr sichere Basis für eine stimmige Serie.

8. ›Look and Feel‹

8.1 Das Setting

Die meisten Serienkonzepte haben ein Kapitel ›Setting‹. Darin gilt es, die Welt der Geschichte zu beschreiben. Dies ist mehr oder weniger unabdingbar, allerdings gibt es deutliche Unterschiede: Das Setting einer Sitcom, die in einer Wohngemeinschaft im heutigen Berlin spielt, bedarf eigentlich kaum einer langen und inhaltlichen Beschreibung. Wir ahnen oder wissen alle, wie es in dieser WG aussehen mag. Natürlich kann man die Zimmeraufteilung oder den gemeinsam genutzten Wohnraum genauer darstellen, vielleicht beschreiben, wie sich die einzelnen Zimmer im Design voneinander unterscheiden (Messi versus Alt-Hippie versus vollkommen leer bis auf die Matratze), schließlich definieren Wohnräume auch immer ihre Bewohner. Oftmals wirken diese Konzeptabschnitte aber eher pflichtbewusst formuliert, als denn besonders inhaltsschwer. Was soll uns das Neues bieten? Um dem Leser dennoch eine kurze Vorstellung zu geben, kann man das natürlich ausführen, sollte sich aber kurzhalten.

Anders sieht das bei Formaten aus, die uns in eine fremde, weil uns unbekannte Welt führen. Historische Formate benötigen dringend einen Passus, in denen die gesellschaftliche und politische Situation beschrieben wird. Gleiches gilt noch viel mehr in Storywelten, die in einer Zukunft spielen. Gerade bei Near-Future-Formaten, die unserer Welt gar nicht so weit entfernt sind, ist es wichtig, eine glaubhafte Entwicklung von den Zuständen jetzt bis zum Zeitpunkt, an dem die Serie spielt, darzustellen. Es geht darum, diese Entwicklung so plausibel darzustellen, dass der Leser (und der Zuschauer) davon überzeugt ist: Ja, so kann sich das entwickeln. Jede Art von Dystopie oder Utopie muss in ihren Grundzügen aus unserer

Welt ableiten lassen. Auch bei Fantasy-Formaten muss man eine Mythologie liefern, die zwar (schließlich ist es Fantasy) keine Bindung zu unserer Welt hier hat, aber in sich geschlossen und logisch ist.

Alles, was sich von unserer jetzigen Welt abhebt, benötigt eine genauere Beschreibung: Wo befinden wir uns, was sind die Gesetze dieser Zeit, was die Konflikte, was also ist der örtliche und zeitliche Handlungsrahmen? Und was ist das Besondere daran?

Zur Welt der Geschichte gehört auch, sich über das ›normale‹ Leben der Figuren Gedanken zu machen. Auch wenn das nicht Teil der Kernerzählung sein mag, Sie sollten immer mitdenken (und zumindest in Kürze im Konzept formulieren), was die Figuren tun, um ihren Lebensunterhalt zu verdienen, wie sie ihr tägliches Leben gestalten. Je weniger Fragen hier offenbleiben, desto organischer wirkt das Konzept auf den Leser.

Es ist immer von Vorteil, die Welt der Geschichte als einen Charakter in der Serie zu begreifen. Sie ist mehr als nur ein Handlungsort, sie steuert unsere Wahrnehmung, unser Empfinden. Die Welt kann faszinierend sein, uns eine Wohlfühlatmosphäre bieten oder uns stets um das Leben fürchten lassen. Genau wie eine Figur hat das Setting ein ungeheures Konfliktpotenzial – und das sollten wir nicht ignorieren, sondern im besten Fall ausnutzen…

Also: Was ist die Welt der Geschichte – und was ist so besonders daran? Denn das Setting kann ein USP sein. Es mag im Zuschauer den Wunsch auslösen, sich in fremde Galaxien begeben zu wollen. Oder nachzuspüren, wie es ist, im London der 1950er-Jahre Kinder auf die Welt zu bringen oder in einer menschenfeindlichen Kälte zu leben – draußen am Nordpol, in einer Forschungsstation, äußerlich bedroht von Eisbären und Minustemperaturen, innerhalb des schützenden Kokons der Station bedroht von den anderen Mitbewohnern, von denen mindestens einer ein Mörder/Psychopath/Verschwörer/Was auch immer ist. Solche Locked-Room-Settings bieten aufgrund der Zuspitzung von Zeit, Raum, Abgeschlossenheit und Fluchtmöglichkeit immer einen guten Rahmen, um Konflikte genauer darzustellen – und eskalieren zu lassen. *Locked Rooms* haben fast immer einen klaustrophobischen Effekt – was eine Zeitlang dienlich sein kann, auf die Dauer aber eventuell ermüdend. Das Auge bekommt nichts Neues geboten, es gibt keine Entlastung. Genau wie das die Figuren anstrengt, können auch die Zuschauer davon betroffen sein. Anders gesagt: Von Serien, die auf arktischen Forschungsstationen, in U-Booten, in einem gestrandeten

Raumschiff auf einem fremden Planeten spielen, gibt es selten eine zweite Staffel, meist sind es abgeschlossene Mini-Serien.

Ein Sonderfall für ein Locked-Room-Setting ist z.B. *KBV – Keine besonderen Vorkommnisse*. Hier sitzen die Protagonisten Nacht für Nacht im Dienstwagen und observieren, während ihre beiden Kollegen in der Dienststelle hocken und die Kriminellen im Lagerraum. Und nichts bewegt sich. Oder niemand. Ähnliches gilt für *Warten auf'n Bus*. Die beiden Protagonisten warten an einer Bushaltestelle darauf, dass... nun ja, das Leben losgeht. Hier spüren wir keinen klaustrophobischen Effekt des *Locked Rooms*, aber dennoch ist das Setting Symbol für Stillstand. Und im Gegensatz zum U-Boot-Thriller liegt der Fokus hier nicht auf der Emotion und dem Thrill, sondern aufgrund des anderen Genres auch auf den Dialogen und dem Humor.

Je nach Entwicklungsstadium sind Serienkonzepte mehr oder weniger detailliert, was das Setting angeht. Schreiben Sie eher eine Art Serienpitch, sollten sie sich kürzer halten (allerdings alle dramaturgischen Effekte des Settings betonen und die Glaubwürdigkeit der Welt niemals aus dem Blick lassen). Sind Sie mit dem Serienkonzept schon einen Schritt weiter und womöglich kurz vor der Produktion, müssen sie dem Setting einen größeren Raum einräumen. Denn hier gilt es, einen Vorausblick auf die zu erwartenden Kosten zu geben: Wie aufwändig wird die Produktion?

8.2 Tonalität

Hier geht es darum, ein Gefühl für den bestimmten Ton der Serie zu vermitteln. Welche Atmosphäre vermittelt das Format, in welcher Stimmung findet sich letztlich der Zuschauer wieder? Denn Letztere wird natürlich durch den Ton der Serie gesteuert, sei sie *dark* oder *light*.

Aber Tonalität ist schwer zu greifen. Wie beschreibt man das? Häufig werden dazu Beispiele von bereits etablierten Serien benutzt, im Sinne von »so schamlos wie *Jerks*« oder »genau wie *True Detective* in Tempo und Einsamkeit eine Reflexion über die verlassenen Weiten des Flachlandes von South Louisiana ist, werden auch wir...«. Geneigte Leser werden die Serienbeispiele als Abgrenzung verstehen, andere zu große Ähnlichkeiten sehen.

Natürlich ist ein Kapitel über Tonalität im Serienkonzept ein großes Versprechen – der Weg bis zur fertigen Serie ist noch lang, noch ist (zumeist) keine Regie an Bord und es kann eine Menge passieren, bis die Serie das Licht der Welt erblickt. Aber grundsätzlich gilt natürlich, dass aus einer Liebeskomödie im Stil von *Doctor's Diary* kein Drama werden wird. Obwohl wie für alle Grundsätze auch hier gilt: Genau das ist auch schon passiert.

In jedem Fall: Der Stil, in dem das Konzept geschrieben wird, bietet idealerweise eine Vorstellung von der Tonalität der Serie. Ist die Sprache mitreißend, spannungsgetrieben, werden Sie als Leser mit ständig neuen Entwicklungen und Wendepunkten konfrontiert, so dass Sie vielleicht sogar latent überfordert, aber immer gespannter sind? Dann steht die Chance gut, dass die Serie ein ebensolches Gefühl auslöst. Oder haben Sie als Leser eher das Gefühl, dass Sie langsam an die Figuren herangeführt werden und nach und nach immer mehr Wesenszüge, Eigenheiten und Wünsche von ihnen erkennen? Dass Sie mehr und mehr in einen eventuell warmen Kosmos eintauchen, der in all seinen Facetten ein komplexes Bild einer Figur und ihrer Welt entwirft? Wenn es sich um ein Sitcom-Konzept handelt, was für eine Art von Humor wird Ihnen als Leser hier präsentiert? Sind es Witze, die unter die Gürtellinie zielen, sind Sie schamvoll berührt oder ist es eher ein feiner, subtiler Humor, der Sie vor allem intellektuell anspricht?

Der Schreibstil ist etwas sehr Persönliches und es ist womöglich schwierig, mit der Sprache die Tonalität des Formates adäquat abzubilden, aber zumindest in der Grundlage muss gelten:

Die Tonalität, in der das Serienkonzept geschrieben wird, muss mit dem Genre konform sein:

- Der Leser soll lachen oder wenigstens schmunzeln - wenn es sich um eine Sitcom handelt.
- Der Leser soll gespannt sein und gebannt umblättern wollen - wenn es sich um einen Thriller handelt.

Es scheint eine Selbstverständlichkeit zu sein, aber überraschenderweise sieht die Realität oft anders aus. Spannungsgeartete Konzepte lesen sich manchmal langatmig und kompliziert und manchmal schlägt man ein Konzept wieder zu, schaut nochmal aufs Titelblatt und ist erstaunt: Oh, das ist eine Komödie gewesen? Doch man hat kein einziges Mal gelacht.

Was uns zum Thema Dialoge bringt...

8.3 Dialogbeispiele

Wie man ein Serienkonzept aufbaut, ist jedem selbst überlassen. Das ist abhängig vom eigenen Geschmack, vom Genre, vom Stoff, vom potenziellen Leser. Allerdings haben Serienkonzepte, die mit einem erzählerischen Moment beginnen, in dem der Protagonist direkt einer Situation ausgesetzt ist, vermutlich einen stärkeren Impact. Ob diese Einstiegsszene tatsächlich szenisch ausgearbeitet ist oder ob der Moment ohne Dialoge auskommt, ist auch genreabhängig. In den meisten Krimiformaten wird man auf eine Szene verzichten, das gilt auch für Medicals oder Anwaltsformate – aber sobald es sich um Dramedys und erst recht Sitcoms handelt, sieht die Sache anders aus.

Gerade Sitcoms *leben* vom Dialog. Damit ist nicht nur die Pointe gemeint, sondern auch die besondere Tonalität der Sitcom. Humor ist sehr unterschiedlich, genau wie die Techniken, mit denen man diesen erzeugt. Um also sein Format zu definieren, ist es im Fall der Sitcom unabdinglich, im Konzept Dialoge anzubieten.

Ob man eine (oder mehrere) ausgearbeitete Dialogszenen beifügt oder ob man bei der Vorstellung der Figuren, diesen einzelne, prägnante Zitate in den Mund legt (Vgl. dazu auch das Konzept zu *Wild Republic*), ist zu entscheiden. Allerdings ist Letzteres immer ein gutes Mittel der Charakterisierung.

Figuren beginnen erst zu leben, wenn sie sprechen.

Vor allem bieten kurze Dialogmomentes die Möglichkeit, direkt Verhältnisse zwischen den Figuren klarzustellen. Wie steht eine Figur zur anderen? Wo unterscheiden sich die Haltungen, Standpunkte, Visionen? Kurze Dialoge können eine jeweilige Figur einführen – und gleichzeitig ihr Verhältnis zu einer anderen Figur beschreiben. Vgl. dazu das Konzept zu *SOKO Potsdam*, das ebenfalls mit prägnanten Dialogen arbeitet, obwohl es keine Sitcom ist. Und natürlich auch *Magda macht das schon!* wie man im Folgendem (ab S. 143) sieht…

8.4 Erzählweise

Nicht immer haben Konzepte Unterkapitel, in denen sie versuchen, die Erzählweise der Serie dazustellen. Im weitesten Sinne geht es hier um eine

Darstellung der Tonalität, deswegen werden die entsprechenden Inhalte auch oft dort geschildert.

In einem Kapitel ›Erzählweise‹ kann man über potenzielle Kamera- und Shooting-Stile informieren, aber je nach Entwicklungsstand der Idee mag das vielleicht zu weit vorgegriffen sein. Wenn die Serienidee aber eine bestimmte erzählerische Komponente hat, die sich von üblichen Maßstäben abhebt, sollten Sie sie schildern.

Eine Serie, die wie *Countdown* damals stets eine *ticking clock* hat, sollte auf diesen Umstand eingehen und das erzählerische Prinzip hervorheben, dass man den Zuschauer immer mittels Rück- und Vorausblenden in einen Wissensvorsprung vor den Figuren versetzt.

Eine Serie wie *The Slap*, die die Geschichte einer Ohrfeige aus acht verschiedenen Perspektiven erzählt, sollte im Konzept natürlich darauf hinweisen, dass jede der Episoden aus einem anderen Blickwinkel, also mit einem anderen Protagonisten erzählt wird. Gleiches gilt für Formate wie *The Collapse*, *Tod von Freunden* oder *The Spy*, die ebenfalls aus unterschiedlichen Perspektiven erzählen.

Eine Serie wie *Russian Doll*, die mit Zeitsprüngen arbeitet, sollte ebenfalls im Konzept auf das Thema eingehen, genauso wie ein Format wie *Dark*, wo der Leser über die Art und Weise informiert werden sollte, wie die Zeitreisen, also die unterschiedlichen Handlungsebenen erzählt werden sollen. Falls Ihr Format Flashbacks oder Flashforwards als erzählerisches Mittel einsetzt – und damit meine ich: durchgängig handlungsprägend und nicht nur dann, falls es sich zufällig mal in einer Episode anbietet – dann sollten Sie dies darstellen. Und eventuell deutlich machen, wie diese Flashbacks aussehen und eingesetzt werden. Wann kommen die Zeitsprünge? Welchen Effekt haben sie auf Handlungsebene? Und wie sind diese visuell von der üblichen ›Erzählzeit‹ abgegrenzt?

True-Crime-Formate haben derzeit Konjunktur, darunter Serien wie *Rohwedder – Einigkeit und Mord*, die mit dokumentarischen Szenen arbeiten und also auf Archivmaterial zurückgreifen. Es ist natürlich unabdingbar, die geplante Erzählweise im Serienkonzept zu beschrieben.

Gleiches gilt für Formate, die wie damals *Berlin, Berlin* mit Animationssequenzen arbeiten. Auch da muss im Kapitel ›Erzählweise‹ dargestellt werden, wie und wann diese Sequenzen eingesetzt und genutzt werden. Vor allem darf man nicht vergessen: Das ist ein Alleinstellungsmerkmal! Und sollte allein daher schon herausgearbeitet werden.

8.5 Genre

Manche Serienkonzepte beinhalten ein Kapitel über das Genre. Die Gründe sind zum Teil nicht nachvollziehbar, manchmal wird in einer Ausschreibung etwas derartiges verlangt. Im Wesentlichen sollte man aber davon ausgehen, dass sowohl Autoren, Produzenten als auch Redakteure derart geschult sind, dass sie keine weiteren Erläuterungen zum Thema Genre benötigen. Zu schnell kann ein Kapitel darüber belehrend wirken – und das wollen wir auf jeden Fall vermeiden. Niemand muss heutzutage mehr erklären, was eine Dramedy ist. Vor ein paar Jahren allerdings sah das noch anders aus.

Ein (kurzes) Kapitel über das Genre macht dennoch Sinn, wenn es erklärt, inwieweit das Serienformat bestimmte Genreregeln neu variieren will, wo es gemäß der Strukturen agiert, wo es sie brechen will. Und warum. Das sollte man definitiv erklären. Es sei hier auf das Konzept *Spurlos* verwiesen (in Eick: *Noch mehr Exposees, Treatments und Konzepte*), in welchem der Autor Orkun Ertener kurz und knapp darlegt, inwieweit sich sein Format von den üblichen Krimiregeln abhebt, ohne das Genre zu brechen: Indem die Erzählrichtung auf gewisse Weise eine andere ist. Denn im klassischen Krimi ist das Opfer in Minute eins tot. In *Spurlos* ist das Opfer einfach nur verschwunden. Und es besteht die Hoffnung, dass dieser Mensch noch lebt. Deswegen, so Ertener, sein *Spurlos* ein ›Hoffnungskrimi‹. Was diesem Format eine bestimmte positive Komponente gibt – trotz aller Spannung und Dramatik.

In den meisten Fällen allerdings gilt: Lassen Sie ein derartiges Kapitel besser weg.

8.6 Look

Seien wir ehrlich: Nirgendwo in einem Serienkonzept wird so sehr gelogen, wie im Kapitel ›Look‹. Dies liegt in der Sache begründet. Denn von der Grundidee einer Serie, die wir ja im Konzept formulieren bis hin zum fertigen, finalisierten Format ist es ein weiter, weiter Weg, auf dem vieles passieren kann. Mit großer Wahrscheinlichkeit wird sich das fertige Format visuell von der anfänglichen Idee unterscheiden, vor allem auch, weil hier andere Gewerke ins Spiel kommen: Regie, Kamera, Ausstattung, usw. Nichtsdestotrotz kann man natürlich in einem Serienkonzept über den Look sprechen. Es ist sogar zu beobachten, dass Serienkonzepte in den letzten Jahren immer häufiger ›Moodboards‹ enthalten, also Bildersammlungen, die eine Vorstellung von dem späteren Look vermitteln sollen – eigentlich aber vor allem eines tun: Die intendierte Tonalität darstellen. Und dazu eignen sich solche Moodboards hervorragend.

Davon abgesehen: Natürlich können Sie in einem Serienkonzept auf den Look eingehen, auf spezielle Kameraperspektiven oder die Schnittfrequenz und darstellen, wie und zu welchem Zweck sie diese einsetzen wollen. Also: Ist es das Ziel, eine atemlose Stimmung herzustellen, die Serie ist ›driven‹, genauso wie der Protagonist, der keine Zeit hat, seine Handlungen intensiv zu reflektieren, sondern einfach nur auf die ungeheure Flut der Ereignisse reagieren muss... Dann bitte schön.

Gleiches gilt natürlich auch, wenn Ihr Konzept eine bestimmte Landschaft oder ein besonderes Setting in den Vordergrund stellen möchte – sprich, das Setting als eigene ›Figur‹ betrachtet, dann sollte das in diesem Kapitel hier natürlich beschrieben werden. In dem Sie dem Leser auf die zu erwartenden besonderen Bilder und Welten hinweisen.

8.7 Adaptionen und Vorlagen

Zahlreiche Serien beruhen auf Vorlagen: Bücher, Filme oder Games können allesamt Grundlagen einer seriellen Erzählung werden. Ein Serienkonzept sollte in diesem Fall auf die Vorlage selbst eingehen. In den seltensten Fällen ist es schlau, gleich einen Roman mitzuschicken. Stattdessen sollte man im Konzept auf die Hauptfiguren und ihre Kernprobleme, sowie auf die Geschichte eingehen. Es kann sinnvoll seine, bei einer Krimi-Reihe beispielsweise Kurzzusammenfassungen der einzelnen Romantitel beizufügen – allerdings bitte eigens formuliert und weniger die abgeschriebene Variante einer Amazon-Zusammenfassung. Es gilt natürlich auch hier: Machen Sie dem Leser den Mund wässrig, binden Sie ihn emotional ein.

Der große Reiz an Vorlagen ist aber, dass diese Stoffe sich ja offensichtlich schon durchgesetzt haben. Dass sie bereits einen Markt und ein Publikum gefunden haben. Und genau darauf spekuliert man. Dass man die Leser der Buchreihe, die Spieler des Spiels, die Zuschauer des Films nun auch für die Serie begeistern kann. Also: Je mehr Informationen Sie über die Vorlage haben (wie viele Leser/wie viele Zuschauer), desto besser. Und wenn Sie (im Falle einer Buchvorlage) mit dem Verlag gesprochen haben, sollten Sie bestenfalls herausgefunden haben, wie die Buchreihe weiter geplant ist: Werden weiterhin z.B. jährlich neue Titel erscheinen? Und: Will der Romanautor womöglich auch die Drehbücher schreiben? Und falls ja – hat er Erfahrung darin? Dies sind wichtige Punkte, die es zu beachten und zu formulieren gilt.

Ein Sonderfall ist *Mein Freund, das Ekel,* eine Mini-Serie, die auf einem erfolgreichen ZDF-Film beruht und dessen Geschichte weitererzählt, wie man dem – stellenweise sehr rohen – Konzeptpapier ab S. 154 entnehmen kann.

Konzeptbeispiel

Magda macht das schon!

(Originaltitel: Olga macht das schon)
Entwurf für eine RTL-Sitcom von Sebastian Andrae

»Pflegekräfte aus Polen sind hervorragend geeignet. Die Betreuung pflegebedürftiger Menschen erfolgt in Polen noch in der Familie. Ein Mehrgenerationenhaus stellt für Osteuropäer die Normalität dar. Die Kenntnis der deutschen Sprache und die Hilfsbereitschaft macht die 24-Stunden-Betreuung durch polnische Pflegekräfte perfekt. Die Pflegekraft wohnt in aller Regel direkt beim Pflegebedürftigen und ist damit auch in den Zeiten anwesend, wo weder Familienangehörige noch der ambulante Pflegedienst vor Ort sein können.«

(Aus dem Werbetext eines Pflegedienstes)

Die Logline

Osteuropäische ›Pflegekraft‹ mit Doktortitel, goldenem Herzen und geradezu überirdischer Geduld wird zum unverzichtbaren Mittelpunkt einer modern-zerrissenen deutschen Großstadtfamilie – und heilt auch ihre Konflikte.

Das Setting

Deutschland wird überrannt! Ausländer, wohin man schaut – sie ernten unseren Spargel, machen unsere Straßen sauber, bringen unseren Müll weg, und jetzt wollen sie uns auch noch pflegen, wenn wir alt und krank sind! Überall da, wo der Stress groß und die Arbeit hart sind, treffen wir sie an. Treffen Sehnsüchte auf ein besseres Leben und eine friedliche Zukunft auf jene, die fast alles haben: Uns Deutsche. Und im Glücksfall trifft eine wie Olga, Lehrerin aus Polen, die aus finanziellen Gründen als Pflegekraft arbeitet, aber deutlich lebensklüger ist als ihre Arbeitgeber, die dauerüberforderte deutsche Kleinfamilie Holtkamp. Olga wird ihr rettender Engel. In Berlin-Mitte (oder Hamburg-Mitte, Köln-Mitte, meinetwegen München-Mitte: dort, wo es eigentlich zu teuer, zu eng, zu laut und zu anstrengend ist zu leben, wo man aber unbedingt dabei sein muss!). In der Wohnung, die drei Generationen beherbergt, dies aber unfreiwillig, weil Oma Waltraud nicht ins Heim abgeschoben werden will, ihre Tochter Daniela und deren Mann Jan-Eric aber nicht auf ihre finanziellen Zuwendungen verzichten können. Stellen wir uns also diese Wohnung als Mischung aus Designer-Appartement und Pflegestation vor. Unterhaltsam wird's auf beiden Seiten – wir finden nämlich, dass Comedy vor einem lebensnahen Hintergrund besonders komisch ist.

Die Hauptfiguren

Olga Wozniak (29), Dr. phil., was sie aber verschweigt, wenn sie sich auf eine Pflegestelle bewirbt. Olga ist schön und schlau und hat ein Herz für die Schwachen. Was daran liegt, dass sie weder auf der Sonnenseite des Lebens geboren wurde (sondern in einer polnischen Industriestadt) noch später ein einfaches Leben hatte: Sie ist geschieden, hat ihren Traumberuf verloren, aber Olga ist ein Stehaufweibchen und erklärt einfach ihren neuen Job zum Traumberuf. Tatsächlich genießt Olga trotz aller Zumutungen die Annehmlichkeiten des Lebens hier und sieht Wunder, wo ›ihre Deutschen‹ bloß Widerstand und Wahnsinn sehen ...

Waltraud Kern (76) hasst es, abhängig zu sein! Sie hat ihr Leben lang als Verkäuferin für Damenunterbekleidung (30 Jahre im selben Betrieb!) für sich sorgen können, hat ihre Tochter und ihren undankbaren Sohn großgezogen und ihren Langweiler von Ehemann ertragen, bis der sich eine Jüngere genommen hat, weil ihm sein Leben zu langweilig war. Jetzt, in der erzwungenen Horizontalen – Waltraud kann aufgrund eines Rückenleidens nur selten aufstehen und ihr Zimmer für die von der Rest-Familie gefürchteten ›Rollator-Expeditionen‹ verlassen – ist sie keineswegs bereit, auf ihren Führungsanspruch zu verzichten! Sie unterzieht ihre neue Pflegerin einem Dauertest und schenkt Olga erst ganz, ganz allmählich ihr Vertrauen ...

Daniela Holtkamp (36) ist ihrer Mutter sehr ähnlich, was sie vehement bestreitet. Zwei starke Frauen unter einem Dach – kann das gut gehen? Nein. Bis eine dritte, noch stärkere, dazukommt: Olga, die aber die Kunst des Weglächelns beherrscht. Daniela hat früher eindeutig mehr gelächelt; inzwischen ist sie überwiegend gestresst (von ihrem Job als Einkäuferin eines Modelabels), genervt (von ihrem völlig anders getakteten Ehemann) und geschlaucht (von den Ansprüchen ihres Einzelkindes auf der einen und ihrer einzigen Mutter auf der anderen Seite). Eine attraktive Frau ist sie immer noch, aber es kommt Daniela vor, als ob es jeden Morgen schwieriger wird, das zu bleiben ...

Jan-Eric Holtkamp (38) sieht sich als ruhenden Pol, als Fels in der Brandung seines Familienlebens. Seine Frau sieht ihn nur als ruhend – und Fels, na ja, Jan-Eric könnte ruhig mal wieder trainieren gehen! Der Grafiker und Genießer ist ein wenig statusverliebt und konfliktscheu; Probleme überlässt er am liebsten seiner Frau oder seiner Schwiegermutter, von der er sich möglichst fernhält, was aufgrund ihrer Krankheit relativ problemlos zu machen ist. Dennoch ist Jan-Eric ein liebevoller Vater, der sich von Lucas durchgeknallten Ideen gerne anstecken lässt. Eigentlich ist er selbst noch ein Kind, um das Daniela sich kümmern muss – ächz!

Luca Holtkamp (9) ist der Sonnenschein seiner Mutter, seines Vaters, seiner Oma, diverser kinderloser Tanten und Onkel und dementsprechend verwöhnt und nicht selten unerträglich. Wird Zeit, dass ihn jemand auf die Erde zurückholt: Olga! Leider wickelt er auch die um den Finger. Immerhin ist es nicht mehr der mittlere ...

Konflikte der Hauptfiguren

Waltraud vs. Olga: Geld vs. Armut. Alter vs. Jugend. Hilflosigkeit vs. Mobilität. Ausbeutung vs. Herzenswärme. Deutsche Überlegenheit vs. polnischer Stolz. Realismus und Resigniertheit vs. Religion. Aber Olga schafft es, die verhärtete Walnuss Waltraud immer wieder zu ›knacken‹.

Daniela vs. Olga: Status vs. echte Bildung. Fassade vs. Offenheit. Stress vs. Ich-nehm's-wie's-kommt. Vor allem: Danielas Aussehens- und Outfit-Stress vs. Olgas Natürlichkeit (wenn auch etwas stark geschminkte). Und: Eifersucht vs. (nicht immer echte) Naivität. Immerhin kann Daniela auf Olga sehr bald nicht mehr verzichten. Und eigentlich mag sie sie auch ...

Jan-Eric vs. Olga: wieso vs.? Jan-Eric hat nichts, aber auch gar nichts gegen Olga! So wenig, dass es Daniela schon wieder stört (siehe auch: Daniela vs. Olga).

Waltraud vs. Daniela: mütterliche Bevormundung vs. Selbstbehauptung. Sparbuch vs. tägliche Ausgaben. Tradition vs. modernes Leben. Doch Waltraud bestärkt Daniela durchaus in einem selbstbewussten Frauenbild – vor allem, wenn sie sich ihren Schwiegersohn anschaut!

WALTRAUD: »Was wünscht Ihr Euch zum Geburtstag? Halt, warte, ich weiß schon: Dass ich endlich abkratze!«
JAN-ERIC: »Sag so was nicht, Schwiegermama!«
WALTRAUD: »Wieso? Soll's 'ne Überraschung sein?«

Waltraud vs. Jan-Eric: Schwiegermutter vs. Schwiegersohn. Muss man mehr schreiben? Könnte man durchaus: Sparsamkeit vs. Verschwendungsfreude. Weibliche Härte vs. unmännliche Weichheit (findet Jan-Eric ja nicht ...). Anspruch auf Olga vs. Anspruch auf Olga (bestreitet Jan-Eric!). Brutale Ehrlichkeit vs. Ausreden.

Daniela vs. Jan-Eric: zu viel Arbeit (in echt) vs. zu viel Arbeit (pff! Als Grafiker?). Prinzipien in der Kindererziehung vs. Abwesenheit derselben. Sex bzw. Abwesenheit desselben. Als Folge davon: das unterschiedliche Verhältnis zu Olga ...

Die Pilotfolge

Als hätte man sich an einem Glückskeks einen Zahn ausgebissen: An dem Tag, an dem Daniela Holtkamp zur Einkäuferin befördert wird, erleidet ihre Mutter einen schweren Bandscheibenvorfall, zu dem in der Folge noch andere Gebrechen hinzukommen werden. Waltraud ist pflegebedürftig – aber wer soll sie pflegen? Standhaft weigert sich die Mittsiebzigerin, ihre geliebte Wohnung zu verlassen – und da sie ihrer Tochter deren geliebte Wohnung zum großen Teil finanziert hat, kann Daniela sie schlecht rausschmeißen. Würde sie natürlich auch nicht, aber die Pflege ihrer kratzbürstigen Mama geht über ihre Zeit und ihre Kraft, und ihr eher lifestyle-orientierter Gatte Jan-Eric schaut schnell woanders hin. Zum Beispiel in den Computer. Aber nicht auf eine Dating-Seite mit polnischen Schönheiten, wie seine gestresste Frau argwöhnt (ihre Ehe war auch schon mal besser). Sondern auf eine Pflegedienst-Seite ... mit polnischen Schönheiten.

Und schon bald findet das Einstellungsgespräch mit dem rettenden Engel statt ...

DANIELA:	»Ist das ein Druckfehler hier in der Bewerbung? Dr. phil.?«
OLGA:	»Nein, ich habe Doktor.«
JAN-ERIC:	»Sie meinen sicher, einen Abschluss, keinen Doktor.« (lacht)
OLGA:	»Ja. Doktor-Abschluss.« (lacht auch)
	Jan-Eric starrt sie begeistert an, und Daniela übernimmt schnell wieder:
DANIELA:	»Sie kann unsere Sprache noch nicht so gut.«
OLGA:	»Ist ein Abschluss in Sprachen.«
DANIELA:	»Ein Sprachkurs?«
OLGA:	»Nicht so kurz. Acht Semester. Griechisch und Latein.«
	Die Holtkamps wechseln betroffene Blicke.
DANIELA:	»Tja, äh, wir sprechen beides nicht. Meine Mutter auch nicht. Vielleicht Latein, ein bisschen.«
JAN-ERIC:	»Sie war damals dabei, im Alten Rom.«
OLGA:	»Kein, Problem. Ich spreche ja Deutsch.«
JAN-ERIC:	»Christenverfolgungen und so.«
OLGA:	»Ich bin katholisch.«
JAN-ERIC:	»Dann würde ich mich in Acht nehmen.«
	Olga überzeugt auf Anhieb: Sie scheint das Rundum-Sorglos-Paket aus Wärme, Humor, Aussehen, Tüchtigkeit, Fleiß und Charme zu bieten. Aber die Holtkamps wären keine Deutschen, wenn sie nicht das Haar in der Suppe finden würden. Sie müssen nur lang genug danach suchen ...
DANIELA:	»Schon teuer, 1.700 Euro. Meine Freundinnen lassen das, glaub ich, schwarz machen.«
JAN-ERIC:	(mit was anderem beschäftigt) »Eine Schwarze? Ich weiß nicht, Hase...«
DANIELA:	»Nein, nicht VON Schwarzen! Hör doch mal richtig zu!!«
JAN-ERIC:	»Ich hör ja zu ... aber ich versteh nicht ... was hast Du gegen Schwarze?«

DANIELA: »Ich? Nichts! Spinnst Du? Wobei ... als Pflegerinnen sind sie vielleicht nicht so ... ehm ... begabt ...«

JAN-ERIC: »Eher als Tänzer.«

DANIELA: »Mama braucht keinen Tänzer.«

JAN-ERIC: »Oder als Rap-Musiker.«

DANIELA: »Mama braucht keinen ...«

JAN-ERIC: »Oder als Pornodarsteller.«

DANIELA: »Würdest Du bitte aufhören, mich mit rassistischen Klischees zuzuballern und mir helfen ...?«

JAN-ERIC: »Ich rege nur Deine Fantasie an.«

DANIELA: »... und mir sagen, ob wir uns diese Olga überhaupt leisten können?«

JAN-ERIC: »Frag Deine Mutter! Vielleicht hätte sie lieber einen Schwarzen.«

Letztlich ist gegen Olga kein Argument gewachsen – aber Daniela misstraut Jan-Erics Motiven. Abends im Ehebett:

DANIELA: »Du willst sie nur, weil sie hübsch ist.«

JAN-ERIC: »Ist sie?« (blättert um) »Ist mir gar nicht aufgefallen.«

DANIELA: »Deine Nase wächst, Pinocchio. Und nicht nur die.«

JAN-ERIC: »Sie ist superqualifiziert! Hast du ihre Referenzen gesehen?«

DANIELA: »Wundert mich, dass Du sie gesehen hast. Du hast die ganze Zeit auf ihren BH gestarrt.«

JAN-ERIC: »Sie trug keinen ...« (ertappt) »Man kann nicht vorsichtig genug sein. Man muss doch prüfen, ob das Foto der Wirklichkeit entspricht.«

DANIELA: »Sie sieht aus wie ihr Bild im Internet ...«

Sie sehen einander getroffen an.

DANIELA UND JAN-ERIC: »... niemand sieht aus wie sein Bild im Internet!«

DANIELA: » ...außer Olga!«

JAN-ERIC: »Sie kann mit Kindern, sie kann mit Alten, sie kann mit uns ...«

DANIELA: »Vergiss es!«

JAN-ERIC: »... umgehen, meinte ich. Sie ist qualifizierter als wir!

DANIELA: (blättert die Unterlagen durch, nachdenklich) »Stimmt.«

JAN-ERIC: »Für JEDEN Job!«

DANIELA: »Und dann dieses Aussehen ... komisch.«

JAN-ERIC: (empört) »Langsam kommt es mir vor, als ob DU auf ihr Aussehen fixiert bist!«

Und so wird Olga von den Holtkamps für die häusliche Pflege eingestellt, auf Probe zunächst, versteht sich. Und diese Probe wird eine schwere Prüfung, die allerschwerste: Kochen für Waltraud!

WALTRAUD: »Was ist das?«

OLGA: »Riechen Sie doch erst mal!«

WALTRAUD: »Du meinst, wenn ich dran rieche, verrät es mir seinen Namen?«

Sie schnuppert widerwillig und lautstark.

WALTRAUD: (FORTS.) »Gekochter Hund?«

OLGA: »Nein.«

WALTRAUD: »Aber ich bin nah dran, oder?«

OLGA: »Ganz kalt!«

WALTRAUD: »Ach, kalt ist es auch noch?«

OLGA: »Ich kann es selber essen, wenn Sie nicht wollen.«

WALTRAUD: »Soweit kommt's noch. Du bist dick genug.«

OLGA: »Bei uns heißt das weibliche Formen.«

WALTRAUD: »Bei Euch heißt DAS ja auch Essen. Außerdem, Ihr vertragt ja alles. Eure Mägen sind stabiler. Allein Eure Zigaretten ...«

OLGA: »Die essen wir nicht. Nur in ganz schlechten Zeiten.«

WALTRAUD: »Na, die sind für Euch jetzt ja vorbei, dank unserer D-Mark!«

Sie kostet vorsichtig.

WALTRAUD: (komplett überrascht) »Mhmmm ...!«

Olga lächelt.

Und ab jetzt lächelt sie jeden Tag, auch Samstag und Sonntag, in der Wohnung der Holtkamps. Und erhellt sie stärker als jede deutsche Energiesparlampe. Olga strahlt zu Waltrauds Attacken, sie schmunzelt zu Jan-Erics Avancen, sie lächelt Danielas Sorgenfalten weg ... und sie bringt Luca zum Lachen:

LUCA: »Polen kenn' ich!«

OLGA: (erfreut) »Ja? Ihr wart schon in Polen? Mama hat gar nicht gesagt.«

LUCA: »Es gibt Nordpolen und Südpolen.«

OLGA: »Und West und Ost auch.«

LUCA: »Und beides ist arschkalt. Aber Süd ist noch arschkälter.«

OLGA: »Da müsste ich nachschauen ...«

LUCA: »Und da wohnen Eskimos und Pinguine und Eisbären.«

OLGA: »Müsste ich auch nachschauen ...« (begreift) »Du meinst Nordpol und Südpol!«

LUCA: »Du kannst nicht von beiden zugleich sein. Bist Du Eskimo oder Pinguin?«

OLGA: (seufzt) »Ich glaube, in den nächsten zwei Stunden, ich bin erst mal Erdkundelehrerin!«

Aber so hilfreich es ist, wenn ein Engel auf die Erde hinabsteigt (egal, ob Berlin-Mitte oder Köln oder Hamburg), so gefährlich ist es auch. Denn er zeigt uns unsere eigene Unzulänglichkeit. Gerade in einer langjährigen Ehe:

Daniela schaut sich voller Zweifel alte Urlaubsfotos an.

JAN-ERIC: »Guck mal, wie Du lächelst ...«

DANIELA: »Ich glaub, ich blecke bloß die Zähne ... mein Gesicht ist ganz verzerrt.«

JAN-ERIC: »Du hast in die Sonne gesehen, in die wärmende Sonne des Südens.«

DANIELA: »Ich erinnere mich kaum noch an den Urlaub. Nur daran, dass das Waschbecken immer verstopft war.«

JAN-ERIC: »Wir waren doch kaum auf dem Zimmer, der Strand war so schön.«

Sie lächelt. Schmiegt sich an ihn. Endlich ein gemeinsamer Moment.

JAN-ERIC: »Sag mal, hast Du den Bikini noch?«

DANIELA: »Nee, der hat mir nicht mehr gepasst nach Lucas Geburt. Hab ihn für die Polenhilfe gespendet.«

Er starrt sie an. Sie starrt ihn an. Der Moment ist zu Ende.

DANIELA: (FORTS.) »Wage es ja nicht, sie danach zu fragen!«

Die Macher

Sebastian Andrae (* 1968 in Hamburg) ist freier Autor und Vorstand des Verbands deutscher Drehbuchautoren. Mit der POLYPHON verbindet ihn eine lange Zusammenarbeit, u.a. an der NDR-Comedyserie *Die Blaumänner* mit Jörg Schüttauf und Peter-Heinrich Brix sowie an der humorvollen Familienserie *Tiere bis unters Dach* (ARD), für die er bis Ende des Jahres 63 Folgen geschrieben hat. Die POLYPHON ist eine der erfolgreichsten Produzenten für Programm-Marken im deutschen Fernsehen und verantwortlich für den RTL-Comedy-Hit *Doctor's Diary*.

Statement

Magda wird gemacht – so entstand Deutschlands beliebteste Altenpfegerin

Sebastian Andrae

Am Anfang hieß sie Olga. So auch noch in den ersten Entwürfen vom Juli 2014, entstanden für die Ausschreibung von RTL. Der Kölner Sender suchte Sitcom-Konzepte. Ich fand, dass die Pflegemisere ein Thema ist, das Deutschland nur mit Hilfe osteuropäischer Tatkraft und Warmherzigkeit in den Griff kriegt. Meine Produzentin Beatrice Kramm – wir hatten u.a. für die ARD bereits erfolgreich *Tiere bis unters Dach* gestapelt – fand diese ersten Entwürfe sehr witzig. Gab aber zu bedenken, dass eine polnische Hauptfgur von deutschen Zuschauern womöglich nicht akzeptiert werden würde: »Redet die dann die ganze Zeit mit Akzent?« Jawohl, das tat sie, das musste sie tun, wenn wir die Realität zumindest als abgründige Folie nutzen wollten. Zwar wurde der polnische Zungenschlag unserer österreichischen Hauptdarstellerin hier und da als »zu russisch« kritisiert - aber das galt ja auch für den Namen Olga. Wir bekamen mit vier anderen Formaten von der damals von Philipp Steffens geleiteten RTL-Fiction den Zuschlag, entwickelten 10 Episoden. Als diese den erfolgreichsten Serienstart im Privatfernsehen seit zehn Jahren hinlegten, hieß unsere Heldin längst Magda – und Verena Altenberger wurde mit Recht zum Star.

Richtig, am Anfang hatte Olga aka Magda auch noch einen Doktortitel! Den sie womöglich geheim halten sollte – die Deutschen haben es nicht so gern, dass jemand, der ihren Alten die Wäsche wechselt, womöglich gebildeter ist als sie selbst. Auch den Titel verlor die Hauptfigur früh auf der Entwicklungsstrecke. Unsere Redakteurin Petra Hengge verwies geduldig auf das angepeilte Zuschauermilieu, das sich in Magda wiederfinden sollte – und sich auch durchweg in der polnischen Geringverdienerin wiederfand, viel eher als z.B. in der von Brigitte Zeh ebenfalls virtuos verkörperten bürgerlichen Conny Holtkamp, die um die Anerkennung ihrer strengen Mutter, die Aufmerksamkeit ihres gemütlichen Gatten und dann auch noch aussichtslos gegen das Überweib im eigenen Haus kämpft. Übrigens wurde ausgerechnet Tobi, der Fels in der Brandung, nach Sichtung der ersten Muster noch mal verrückt, d.h. umbesetzt: Eine Umarbeitung vom fuffgen Musiklehrer zum schlichten Fahrstuhlmonteur machte den Platz frei für Matthias Komm und damit für das richtige Gegen-Gewicht zum hyperaktiven Frauenhaushalt.

Ihre Stehaufweibchen-Qualitäten und vor allem ihre geliebte grantige Gegenspielerin Waltraud Kern jedoch behielt Magda Wozniak von allem Anfang bis zum Ende bei. Verenas Sparrings mit der grandiosen Hedi Kriegeskotte schrieben sich irgendwann zwar nicht von selbst, aber mit dem größten Vergnügen, geschliffen dann in gemeinsamen Leseproben (natürlich mit dem Autor, inzwischen verstärkt durch Producerin Ursula Pfriem) und waren stets das Highlight der Folgen – so wie überhaupt die Besetzung mit Klasseschauspielern, die nicht den ›gespielten Witz‹, sondern den Charakter zeichneten. Für den Cast war nicht zuletzt der erste Regisseur Torsten Wacker verantwortlich, wie auch für viele andere liebevoll überdrehte Details bis hin zur schmissigen Musik (Jan Janssons) und die ehrgeizig flmischen Bilder (Timo Schwarz), die etwas anderes als das typische Sitcom-Feeling erzeugten. Diesem besonderen Look & Feel der Serie, dieser besonderen Wärme ohne jede political correctness, folgten dann auch spätere Regisseure wie Nico Zingelmann und Andreas Menck. Zum Anspruch unserer Produktion passte auch, dass unser Drehort, eine Villa in Kleinmachnow, nach dem großen Anfangserfolg sowie Beschwerden comedy-verachtender bürgerlicher Anwohner originalgetreu in den Studios in Adlershof nachgebaut wurde (soweit ich weiß, lebt Clanchef Abou Chaker heute noch in der Gegend ...).

Magda nahm also sehr deutlich Gestalt an. Ebendiese Gestalt, ihre offensive und gleichzeitig arglose Sexyness, wurde durchaus schon damals diskutiert, aber war natürlich von Autor, Regie und Sender intendiert – als wäre nicht im Ernstfall Feuer unterm Dach, wenn eine solche Altenpfegerin in eine Familie und Ehe hinein engagiert würde! Mit dieser Konstellation haben wir in den Büchern und der Umsetzung immer gespielt – bis hin zu der von mir inszenierten Folge ›Partyspion‹, in der Magda fast K.O.-Tropfen zum Opfer fällt –, ausgereizt haben wir sie zugunsten der Komödie nie, und die starke Frau bis zum Ende nie verraten.

Ach ja, das Ende! Unsere wehmütig-überdrehte Schlussfolge nach vier Staffeln, übrigens selbst verfügt und nicht vom Sender. Die Episode ›Diagnose Liebesschmerz‹, in der sich Magda sogar verknallen durfte, erst auf Arztroman-Niveau, dann deutlich darüber: in Busfahrer Nadir, gespielt von Neil Malik Abdullah. Dessen Intermezzi inklusive irrlichternder »Legenden aus der Heimat« gehörten zu den beliebtesten Versatzstücken der Serie, nachzuprüfen unter anderem auf Magdas ›eigener‹ Facebook-Seite.

Irgendwann während der Entwicklung war auch Nadir noch nicht Nadir gewesen, sondern ein Transvestit im Wohnwagen, dem Magda regelmäßig ihr heimwehes Herz ausschüttet. Das war dann doch too much diversity, selbst für RTL. Möge er / sie an einer anderen Straßenecke parken, womöglich im Neuen Deutschen Film! – meine bisher erfolgreichste Serie jedenfalls rollte über 46 Folgen in leichtem Schlinger-(Quoten-)Kurs und doch stabil ins Ziel. Wenn sie das Tor aufgemacht hätte für weitere Komödienformate, die ein relevantes Thema und gut entwickelte Charaktere nicht für die schnelle Pointe opfern (ohne natürlich auf diese zu verzichten), wäre einiges gewonnen. Nicht nur der deutsche Fernsehpreis, eine Nominierung für die Rose d'Or und zwei für den deutschen Comedypreis und noch viel wichtiger: die Zuneigung von Magdas Zuschauern.

Vielleicht war es sogar Liebe ...

Konzeptbeispiel

Mein Freund, das Ekel

Formatbibel Mini-Serie »MEIN FREUND, DAS EKEL«

Die nachstehende Formatbibel soll einen Einblick geben, wie wir uns die Weiterentwicklung des Films »Mein Freund, das Ekel« zu einer Mini-Serie inhaltlich, sowie produktionell vorstellen:

Format: 6 x 45min (1.Staffel)

Inhaltliche Vision

Wir halten mit dem Film *Mein Freund, das Ekel* nach diesem unfassbaren Erfolg (8,1 Mio Zuschauer, 25,9% MA) ein sehr wertvolles Gut in der Hand. Wir haben etwas geschaffen, was aus dem Stand heraus (ohne Vorlage, Reihe oder ähnliches Vorbestehendes und gegen Fussball-Halbfinale Europaleague!) sehr, sehr viele Menschen erreicht hat. Etwas, dass sowohl die junge Netflix-Generation erreicht hat (13% MA 14-29-Jährige!), als auch die Stammzuschauer des ZDFs. Die tausenden positiven Kommentare des Volkes auf Facebook und Instagram geben uns Recht und zugleich Mut, etwas sehr Besonderes geschaffen zu haben und eine große ›Fangemeinde‹ nun für unsere angestrebte Miniserie zu begeistern.

Wir haben eine echte ›Marke‹ geschaffen. Das passiert aus Deutschland heraus tatsächlich nicht so häufig... Unser oberstes Credo lautet deshalb nun, dass wir die Qualität der Marke unbedingt erhalten müssen, wenn nicht steigern müssen. Die Zuschauererwartung ist hoch. Desweiteren gilt es, dass ebenso die Figuren, dieses *odd couple*, dieser besondere Komödienton, die Dialogschärfe und -witz, die ›non-PC-ness‹ erhalten bleiben muss. Das ist der USP des Formats. Es muss gelingen, den 90-min-Film nun in eine Mini-Serie (6x45min) zu überführen.

Dabei wollen wir ganz explizit keine Familienserie, wie sie noch vor 20 Jahren Erfolg hatte, wie z.B. *Ich heirate eine Familie* oder *Diese Drombuschs.* Moderne Familienserien sehen für uns anders aus... Wir würden uns eher orientieren an Serien oder Filmen aus dem angloamerikanischen Raum, die uns auch bei der Idee zum Film inspiriert haben, die ähnliche Figuren und/oder einen ähnlichen Komödienton haben: *Shameless, The Office, Besser geht's nicht, Der Tatortreiniger, This is us, Modern Family, Ziemlich beste Freunde.*

Mein Freund, das Ekel – die Miniserie muss witzig, scharfzüngig, non-PC-ig und spitz werden. Zugleich müssen Amplituden genauso in die Tiefe, Wärme und ins Drama gelingen. Eine Serie, wie wir sie so aus dem deutschen Raum eigentlich noch nicht kennen...

Die Herausforderung wird bei dieser Serie sicherlich sein, dass wir hier kein Set-up mit Fallstruktur haben. D.h., wir haben eben nicht die klassische vertikale Workplace-Serie um Anwälte, Polizisten, Privatdetektive, Lehrer etc. Wir haben eine Familienserie, die eine starke Horizontale besitzt. Besonders im internationalen Raum zeigen jedoch einige gute Serien, dass das dramaturgisch und sehr unterhaltsam geht. Insofern sind wir voller Elan, Energie und Kreativität, dass wir hier etwas sehr Besonderes, Einzigartiges schaffen werden, was mindestens genauso viel Erfolg hat.

Die Figuren/ USP/ Backstory

Olaf Hintz: Hintz ist ein kotterschnäuziger Misanthrop, der alle anschnauzt. Und das bereits seit Jahrzehnten. Menschen, die glücklicher sind, als er selbst, sind ihm zuwider. Menschen, die ungebildeter, rüpeliger und ›einfacher‹ als er sind, sind ihm zuwider. Er ist ein ›Ekel‹. Dieser Ton muss im Kern bleiben. Hintz kann sich bildungsbürgerliche Haken, Spitzen und Sprüche nicht verkneifen. Er teilt aus. Gern auf Latein. Auch ungefragt erteilt er Menschen Lebensweisheiten. Er fühlt sich erhaben. Hintz ist ein bildungsbürgerlicher Egoist, der nicht altruistisch agiert. Wenn er etwas für andere Menschen tut, dann weil er davon etwas hat. Das ist zumindest Hintz' Primärdenken. Dass tief im Inneren etwas mit ihm langsam passiert, wenn er etwas für andere tut, das weiß er noch nicht. Hintz lebt bereits seit Kindheitstagen in Berlin-Charlottenburg, wahrscheinlich in der Wohnung seiner Eltern, die seine Schwester und er vererbt bekommen haben. Charlottenburg und diese bourgeoise Kapsel sind ihm heilig. Jegliche andersartigen Eindringlinge stören ihn. Die haben hier nix zu tun. (Dabei ist Hintz aber nicht ausländerfeindlich! Es geht hier um Andersartige aller Couleur, Menschen, die seine *comfort zone* stören. Ähnlich Jack Nicholson in *Besser geht's nicht.*) Hintz ist einsam, körperlich versehrt und verlassen. Er ist dadurch stark verletzt. Seine Kotterschnäuzigkeit ist im Grunde das Austeilen und Schmerzzufügen an anderen. Trixi bricht Hintz zwar in Teilen auf, aber im Grunde bleibt er der Alte. Der, der er schon den Rest seines Lebens war.

Hintz war Oberstudienrat für Altgriechisch und Latein. Er hat mit seiner Ehefrau, die vor ca. 15- 30 Jahren gestorben ist eine Tochter, die nun ca. 40-50 Jahre alt sein muss. Sie lebt in Afrika mit einem Entwicklungshelfer zusammen (hat vielleicht auch schon ein Kind?). Die Tochter ist damals abgehauen und hat den Kontakt abgebrochen, weil auch sie Hintz vor ca. 10-20 Jahren vergrault hat, nachdem sie ihre Pianistenkarriere/Talent an den Nagel hängen wollte, um mit einem Entwicklungshelfer nach Afrika zu gehen.

Hintz hatte vor ca. 20-30 Jahren einen Schlaganfall. Seitdem sitzt er im Rollstuhl. Da war er noch Lehrer. Seine Versehrtheit wurde von seinen Kollegen damals genutzt, um ihn rauszumobben und endlich loszuwerden. Denn schon damals mochte niemand Hintz. Das ist eine von Hintz' *backstory wounds.*

Hintz würde gern wieder lehren. Und er würde es auch gern seinen Kollegen von damals zeigen. Bloß weil er im Rollstuhl sitzt, heißt das noch nicht, dass er im Kopf behindert ist! Hintz und die Liebe: Seit seine Frau gestorben ist, gab es nie wieder eine Frau in seinem Leben. Das hat er kategorisch ausgeklammert. Wir fänden es sehr spannend, wenn in der Serie Hintz nun eine Frau begegnen würde, die ein Spiegelbild von ihm wäre: ein Ekel hoch zwei. Eine Frau, die ebenso alle anschnauzt, gebildet ist. Eine, die ihm Paroli bieten kann und in manchen Dingen ihm sogar überlegen ist. Genau das reizt ihn vielleicht...

Trixi Kuntze: Trixi ist herzensgut, lebensfroh, positiv, fröhlich, arm, einfach im Geiste, ungebildet und aus prekären Verhältnissen. Sie ist sehr naiv, was sich auch in der Wahl ihrer Männer abbildet. Mit dieser naiven und leichtfüßigen, unbescholtenen Haltung geht Trixi aber sehr lebensfroh und unängstlich durchs Leben. Trixi ist durchwegs positiv und glaubt, alles meistern zu können. Trixi ist in Teil 1 noch Analphabetin, Hintz bringt ihr Lesen und Schreiben bei (wie gut, kann in der Serie noch definiert werden). Die Bildungshürden, die ihr bislang im Weg standen löst mit ihr Hintz. Dafür ist sie ihm dankbar. Dass, was bleiben wird, ist Trixis einfache, naive, ungebildete, Berliner (mit Dialekt), pragmatische Art, mit der sie durchs Leben geht. Eine Löwenmama mit 3 Jobs und Lebensenergie für drei Menschen.

Trixi ist Mutter von **Afia (16)**, **Murat (13)** und **Sean (10)**. Ihre Kinder sind ihr heilig. Für sie würde sie alles tun (auch zur Not ihren Körper verkaufen?).

Trixi zeigt Hintz, dass er nicht allein sein muss. Sie nimmt ihn, wie er ist. Auch aus ihrer Nichtbildung heraus versteht sie manche Spitzen nicht, was sie zum Teil ›unverletzbar‹ Hintz gegenüber macht. Z.B. »Holen Sie mir den Delinquenten!« Trixi antwortet: »Den was?«.

Sie hat bisher kein Händchen für Männer. Liebesdinge hat sie aus ihrem Leben seit Langem ausgeklammert. Dafür hat sie keine Zeit. Und doch sehnt sie sich tief in ihrem Leben nach Liebe, einem Mann, Geborgenheit, Sicherheit.

Trixi wuchs in Berlin-Wedding auf mit einer Alkoholiker-Mutter, die sich nicht wirklich um Trixi gekümmert hat. Auch deswegen konnte es passieren, dass Trixi nie richtig Lesen und Schreiben gelernt hat. Einen Vater gab es nie in ihrem Leben. Dementsprechend musste sie früh lernen, auf sich selbst aufzupassen, ihr Leben zu organisieren, erwachsen zu werden.

Afias Vater traf sie mit Anfang 20, der versprach ihr die Welt, lies sie dann aber schwanger allein zurück. Danach kam Murats Vater, der ihr ebenso das Blaue vom Himmel versprach. Danach Seans Vater. Trixi liebt ihre Kinder und will sie nicht missen. Trotzdem wünscht sie sich manchmal ein einfacheres Leben.

Trixi schöpft durch Hintz neuen Lebensmut, der ihr durch das Offerieren einer Bäckerslehre eine Chance bietet. Ebenso ist er dabei, ihr Lesen und Schreiben beizubringen. Sie ist ihm dankbar, behält dabei aber auch ihren Stolz. Sie würde jederzeit wieder alles hinschmeißen, wenn ihr Hintz oder jemand anderes ›blöd‹ kommt. Trixi ist stolz und hat ihre Prinzipien.

Die Handlungsebenen/ Horizonatale vs. Vertikale:

Die Geschichte sollte sich im Kern (A-Plot) zwischen Hintz und Trixi abspielen. Dem *odd couple.* Es muss ein staffelübergreifender Handlungsbogen gefunden werden, der Zug in die Geschichte bringt. Das müsste im besten Fall ein großer Konflikt, ein großes Problem, eine große Problemsituation oder etwas anderes sein, in welche die beiden geworfen werden. Um dieses Problem zu lösen, brauchen sie zwangsläufig (und vielleicht auch unfreiwillig) die Hilfe des anderen, der dieses Problem natürlich auf seine eigene, ganz andere Art (besser als man selbst) versucht zu lösen.

›Zwang‹ ist eine wichtige Komponente für den besonderen Komödienton und auch für dramaturgische Entscheidungen. Sowohl Hintz, als auch Trixi geraten in eine Situation, in der sie nicht sein wollen. Eigentlich wollen sie partout die Hilfe des anderen nicht! Sie sind beide Alphatierchen, die nicht die Hilfe von annehmen wollen. Sie können alles selbst am besten. Nur durch ›Zwang‹ sind sie dazu gezwungen, das Problem mit Hilfe des anderen zu lösen. An dieser Stelle zwingen wir unsere Figuren in eine Extremsituation, die Reibung, Sprüche, Auseinandersetzuungen provoziert. Diese Reibung erzeugt jede Menge Komik, die den besonderen Komödienton (USP) vom Ekel ausmacht.

Beide Charaktere sollten grundsätzlich ›in ihren ursprünglichen Charakteren bleiben‹ bleiben, damit diese besondere Reibung entsteht, die wir als Zuschauer so gern sehen. Hier entsteht die Komik. Wichtig wäre auch, dass der Ton der Komödie beibehalten wird.

Neben dem *odd couple* und dem A-Plot, der durch die Staffel zieht, sollen auch viele B-, C-, D-Plotebenen erzählt werden. Dafür eignen sich die zahlreichen Figuren des Ensembles. Mögliche Ideen wären z.B.:

- Elfie: kommt von ihrer Kreuzfahrt zurück und verkündet Helmut zu heiraten. Auch sie will in die Wohnung mit einziehen (alle haben aber nicht Platz)
- Helmut: ist eigentlich ein Heiratsschwindler (das bekommt Trixi heraus)
- Afia: macht Krankenschwesterausbildung
- Murat: sein Vater taucht wieder auf und ›türkisiert‹ den Jungen, macht Trixi Avoncen
  - Sean: ?
  - Jolig (Porschefahrer): will die Bäckerei kaufen, um dort die neue Filiale seiner Großhandelssupermarktkette aufzumachen (dagegen rebellieren Hintz und Trixi)
- Die drei Lästerschwestern: eine Dame macht Hintz schöne Augen, die andere macht
  - mit Elfie oder Jolig gemeinsame Sache um Hintz zu entmündigen
  - Frau Knappig (Verkäuferin Bäckerei): stiehlt Geld aus der Kasse
  - Bella: versucht Trixi auf die schiefe Bahn zu locken

- Denise (gehört Plattenwohnung): ?
- Etc.

Sendeplatz/ Horizontale vs. Vertikale:

Wir wollen im Weitesten Sinne eine ›Familien-Mini-Serie‹ erzählen. So wie das z.B. *Shameless* auch macht. Die Familie muss also in irgendeiner Form mit bespielt sein. Wenn auch nur in einem untergeordneten Strang. D.h., dass wir überwiegend das *odd couple* Hintz und Trixi behalten wollen und diese beiden in eine Problemsituation schmeißen wollen, wo sie nur gemeinsam wieder rauskommen.

Um diese Probleme zu lösen, brauchen sie nach wie vor den anderen, der dieses Problem natürlich auf seine eigene, ganz andere Art versucht zu lösen. Beide Charaktere sollten grundsätzlich ›in ihren ursprünglichen Charakteren‹ bleiben, damit diese besondere Reibung entsteht, die wir als Zuschauer so gern sehen.

Die Serie 1. Staffel sollte also im Kern hauptsächlich eine neue Vertikale behandeln (A-Plot, allumspannender Staffelbogen). In der Horizontalen erzählen wir die Figuren und ihre kleinen Probleme, Entwicklungen weiter (B-Plots). Die DNA der Serie ist somit eine horizontale und keine vertikale, da wir keine klassische Fallstruktur pro Epsiode haben. Trotzdem wäre es gut, wenn wir einen ›Seherfolg‹ für den Zuschauer bauen könnten, d.h., dass jede Epsiode ein kleines, in sich abgeschlossenes Ende haben sollte.

Die Serie wird somit eine klare ›Horizontale Serie‹ werden, die hauptsächlich von Figuren, Witz, Dialogen und einem sehr besonderen Ton und Esprit lebt. Nicht das ›Was‹, sondern das ›Wie‹ wird entscheidend sein.

Ausblick auf weitere Staffeln

Staffel 2 und 3 sollen innerhalb der Entwicklung der 1.Staffel schon unbedingt mitgedacht werden. Es ist grob angedacht, dass sich die Entwicklung der weiteren Staffel an die Bucharbeit zur Staffel 1 anschließt. Cliffhanger müssen unbedingt am Ende der 1.Staffel gesetzt werden.

In sämtlichen Verträgen mit Cast und Crew würden wir uns jetzt bereits eine Option auf weitere Staffeln zusichern, so dass besonders Figurenbögen und Horizontalen auch durchaus auf mehrere Staffeln gedacht werden könnten.

Ausstrahlung

1. Staffel im April 2021, Donnerstag 20:15 Uhr und 21:00 Uhr. Es ist angedacht, dass jeweils 2 Folgen in 3 aufeinanderfolgenden Wochen gesendet werden.

Handlungsorte

Die Wohnung: ›Wohnen für Hilfe‹ war im ersten Teil der Auftakt, damit sich Hintz & Trixi kennenlernen. Es muss noch besprochen werden, ob ›Wohnen für Hilfe‹, bzw. das Thema Zusammenwohnen auch in der Fortsetzung/ in den weiteren Teilen von Bedeutung sein soll. Es muss auch besprochen werden, ob Hintz‘ Wohnung als zentrales Element der Geschichte weiterhin bestehen bleibt oder ob sie innerhalb eines neuen Plots vielleicht zerstört wird (z.B. Murat lässt die Herdplatte an und die Wohnung brennt ab. Alle ziehen erstmal in eine Plattenbauwohnung, also in Trixis Welt, in der nun Hintz wiederum seine Probleme hat.)

Die Bäckerei: Als beschützenswerten Kern würden wir gern auch die Bäckerei oder zumindest den Kirschstreusel deklarieren wollen. Das ist eine Passion, die Hintz mind. seit 20 Jahren hat. Davon lässt er sich nicht so leicht abbringen. Möglich wäre auch, dass in Staffel 2 Hintz und Trixi die Bäckerei übernehmen, weil sie sonst geschlossen werden wird. Hintz muss dann in Existenzgründer-Seminare mit 20-Jährigen Hipstern und alles über Web 2.0, Instagram-Stories und Kick-Back-Deals lernen...

Mögliche Idee für 1.Staffel:

Hintz goes Platte: Als Hintz in seiner Küche aus Versehen den Herd anlässt und in Folge dessen die halbe Wohnung abfackelt, sehen sich Trixi, die Kinder und Hintz gezwungen, übergangsweise woanders unterzukommen. Da Hintz aber nun jeden Cent braucht, um die Wohnung zu renovieren, bleibt ihm zähneknirschend nichts Anderes übrig, als Trixis lebenskünstlerische Übergangswohnlösung anzunehmen. Und die sieht so aus, dass alle erstmal in Denise Plattenbauwohnung ziehen. Ist ja nur für 4 Wochen. So nehmen sie zumindest an... Während sich Trixi schnell akklimatisiert (schließlich ist das ihr altes Kietz), zieht Hintz einen Flunsch und sitzt mürrisch und notorisch miesgelaunt in seinem Rollstuhl in der engen

2,5-Zimmer-Plattenbauwohnung. Liegt vielleicht auch daran, dass Hintz noch nie in einem Plattenbau war, der Fahrstuhl seit 3 Jahren kaputt ist und die Wohnung im 5.Stock liegt. Da Trixi fleißig jeden Tag zur Bäckerslehre geht und die Kinder in die Schule, bleibt Hintz nichts anderes übrig, als sich zu ›arrangieren‹. Schließlich erfordert sein Tagesrhythmus immer noch jeden Tag um 16:30 Uhr sein Stück Kirschstreusel und den Handwerkern in seiner Wohnung muss man auch regelmäßig auf die Finger klopfen. Muss er sich wohl oder übel mit den sozialen Randgruppen und im Besonderen mit den arbeitslosen Kiffern ausm 1.Stock anfreunden, die ihn für 20,-€/Tag persönlich aus dem und in den 5. Stock tragen. Doch Hintz wäre nicht Hintz, wenn er nicht auch hier ›uff Platte‹ mal für Ruhe und Anstand, Zucht und Ordnung sorgen würde. Im Handumdrehen bringt er das Leben der libanesischen Einwandererfamilie, die auf die schiefe Bahn gekommen ist, wieder auf den rechten Pfad. Für die Flüchtlingskinder richtet er kurzerhand eine Schule ein, in denen er ihnen tagsüber Deutsch und Allgemeinbildung beibringt. Und den Schutzgelderpressern und Prostituierten des Viertels zeigt er es mal richtig! Auch in der flaschensammelnden Rentnerin von untendrunter, die ihm als weiblicher Griesgram hoch zwei in nichts nachsteht, hat er ein echtes ›Gegenüber‹ gefunden. Wäre soweit eigentlich alles auf Spur, wenn da nicht ein Entmündigungsverfahren vom Sozialgericht ins Haus flattern würde. Unbekannte haben Anzeige erstattet und nun prüft das Gericht, ob Hintz jemals wieder in seiner alten Wohnung wohnen darf. Dass Rollstuhl, rüpeln und rechthaberisch sein nicht gleich ›dement‹ heißt und sich ein Luxus-Immobilienmogul sich Hintz' Altbauwohnung nicht so einfach einverleiben kann, muss nun Trixi mit ihren Mitteln beweisen...

Das Setting ›Plattenbau‹ ist eine Idee, die wir gern im writers room mal durchsprechen und überprüfen würden. Das ist aber nicht festgelegt. Vielleicht kommen uns auch noch ganz andere Ideen. ...

Statement

Franziska An der Gassen
Produzentin, Rat Pack Filmproduktion

Es sollte besonders eklig werden... das war das Ziel, als wir uns an die Entwicklung der 6x45min Miniserie *Mein Freund, Das Ekel* machten. Die vorangegangene, gleichnamige 90min-Komödie mit Dieter Hallervorden und Alwara Höfels wurde 2019 zu einer absoluten Erfolgssensation (ZDF, 8,49 Mio Zuschauer, 25,9% Marktanteil). Das war die höchste Einschaltquote, die der Sender an einem Donnerstagabend seit Jahrzehnten hatte. Insofern lag der Plan nahe, dass es eklig weiter gehen muss!

Zunächst standen für eine Fortsetzung zwei Möglichkeiten im Raum: ein weiterer 90min-Film oder eine Miniserie. Gemeinsam mit dem ZDF, Redaktion Thorsten Ritsch, (und auch nach Zustimmung von Dieter Hallervorden und Alwara Höfels) entschieden wir uns dann doch sehr schnell für eine Miniserie (6x45min).

Die besondere Herausforderung bestand darin, somit nicht nur eine neue Geschichte für eine Fortsetzung zu finden, sondern sich auch dramaturgisch und erzählerisch in einem neuen Format zu befinden. Eine Miniserie folgt anderen Gesetzmäßigkeiten des Storytellings, der Erzählgeschwindigkeit, der Erzähltiefe, der Anzahl von Handlungssträngen, Plotpunkten, horizontale vs. vertikale Erzählweise usw.

Hinzu kam, dass sich in einem stark verändernden Medienmarkt, sich auch die Sehgewohnheiten der Zuschauer verändert haben und noch weiter verändern werden. Die Miniserie musste somit sowohl für eine lineare Ausstrahlung im TV (ausgestrahlt als Doppelfolgen jeweils Donnerstags 20:15 Uhr), als auch in der Mediathek für das Binge-Watching am Stück konzipiert werden. Ebenso sollte wieder eine sehr breite Zielgruppe von 14 - 99 Jahren erreicht werden.

Mir war es als Produzentin wichtig, dass wir bei all den formellen Anforderungen eine coole, moderne, witzige, horizontale Miniserie erzählen. Und dem Zuschauer damit vielleicht eher mehr zumuten, als weniger.

Der erste Schritt in die Entwicklung war ein Ideenpapier. In diesem habe ich ca. 10-12 konkrete Ideen/Pitches (unterschiedliche Geschichten mit ungefährer Prämisse und Staffelbogen) aufgeschrieben, wie es mit unseren Hauptfiguren Hintz und Trixi (Dieter Hallervorden und Alwara Höfels) weitergehen könnte. Eine dieser Ideen war ›Hintz goes Platte‹ (s. Konzept).

Mit dieser Grundidee und einer Serienbibel, in der ich den ›erhaltenswerten Kern‹ des Formats versucht habe zu skizzieren, inkl. der Grundpfeiler des Formats, der Charaktere, ›wo kommt der Humor her‹, Konflikt-Grundmotoren (Reibung) usw. entstand ein Gerüst, was sehr wichtig war für die lange weitere Entwicklung der Miniserie.

Im nächsten Schritt kamen weitere wichtige kreative Partner an Bord und prägten die weitere Entwicklung maßgeblich (die Drehbuchautoren Daniel Scotti-Rosin (auch Headautor), Viktoria Assenov, Julia Drache, Klaus Rohne, Dennis Eick, aber auch anfänglich der Ursprungsautor/-regisseur des Films Marco Petry). In den insgesamt 1,5 Jahren führten die folgenden Entwicklungsstufen letztendlich dann zu fertigen Drehbüchern und zum Dreh:

Staffel-Pitch (›Hintz goes Platte‹)

Serienbibel

Writers room (einwöchiger writers room mit mehreren Autoren. Ergebnis ist Pinnwand mit vielen Karteikarten, welche jede Folge durchplottet, Plotpunkte setzt, die Handlungsbögen entwirft, die Cliffhanger klar macht, Staffelbogen setzt etc.)

6x Pitches (für jede Folge eines, anhand der Karteikarten aus dem writers room)

6x Treatments

6x Drehbücher

Writers room (da umgeplottet werden musste, Umstellungen, Änderungen)

Plotoutline (auf Basis der Pinnwand/ Karteikarten)

6x neue Drehbücher

Dreh

Entstanden ist eine witzige, horizontale Miniserie, welche erzählerisch an den vorausgegangen 90min.-Film anknüpft, aber auch neuen Zuschauern einen Einstieg ermöglicht. Die Erzählgeschwindigkeit ist wesentlich schneller als noch im Film, die Gagdichte höher. Der große Raum der 270 min. wurde durch mehr Erzähltiefe für die Figuren und ihre Geschichten genutzt. Neben den beiden Hauptfiguren Hintz und Trixi haben nun auch mehrere Nebenfiguren mit ihren Geschichten einen Platz gefunden, so dass ein buntes Kaleidoskop entsteht.

Nachwort

Das vorliegende Buch hat Ihnen hoffentlich einen Eindruck verschafft, wie Serienkonzepte geschrieben werden, wie sie aufgebaut sein können und welche Ingredienzen und Elemente sie haben sollten. Hierzu kann man kaum ein striktes Regelwerk entwickeln. Die versammelten Praxisbeispiele sind sicherlich ein Zeichen dafür, wie unterschiedlich man Geschichten erzählen kann. Aber darum geht es ja auch: jede Geschichte muss auf ihre eigene Art und Weise erzählt werden, nur dann erreicht sie ihre ureigene Form und Kraft. Gleiches gilt auch für Serienkonzepte, die doch im Wesentlichen dazu dienen sollen, andere Partner von dieser einen besonderen Idee zu überzeugen und mehr noch: zu begeistern. Wie Sie dies mit Ihren eigenen Ideen anstellen werden, welche Form Sie dafür finden werden, sei Ihnen überlassen.

Es ist ja auch eigentlich ganz einfach: bringen Sie es auf den Punkt. Und machen sie es mitreißend.

Und ja: es wäre gut, wenn die Serienidee tatsächlich richtig toll wäre.

Das ist nämlich die Hauptsache.

Viel Erfolg und gutes Gelingen!

Dennis Eick

HERBERT VON HALEM VERLAG

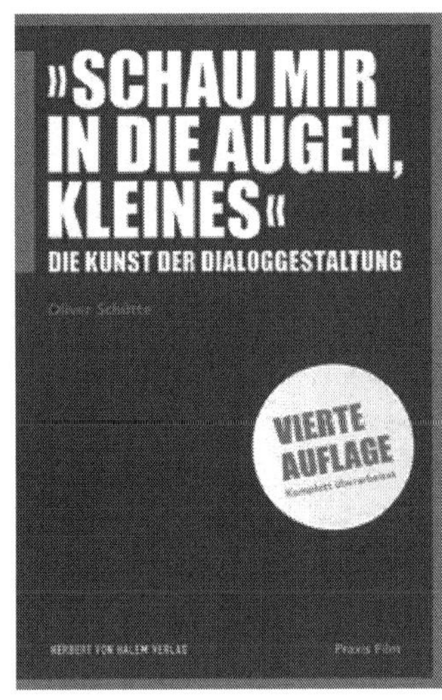

Oliver Schütte

»Schau mir in die Augen, Kleines«. Die Kunst der Dialoggestaltung

Praxis Film, 57

2022, 4., überarbeitete Auflage, 304 S., Broschur, 185 x 120 mm, dt.

ISBN (Print) 978-3-7445-1998-4 | 28,00 EUR

ISBN (PDF) 978-3-7445-1993-9 | 23,99 EUR

Gute Dialoge zu schreiben, ist für jeden Autor eine Herausforderung und muss ständig aufs Neue trainiert werden. Denn der Dialog ist das ultimative Mittel, um Figuren Leben einzuhauchen und Szenen packend, rührend oder witzig zu gestalten.

Der erfahrene Dramaturg und Autor Oliver Schütte zeigt, wie Sie wirkungsvolle und spannende Dialoge schreiben – und wie Produzenten, Redakteure und Script Consultants effektiv mit Autoren an Dialogen arbeiten können. In der 4. Auflage seines Standardwerks erläutert Oliver Schütte anhand von aktuellen Filmen und TV-Serien, was gute von schlechten Dialogen unterscheidet und wie erfolgreiche Dialoge geschrieben werden. Dabei hat er auch die Erfahrungen seiner zahlreichen Seminare im In- und Ausland integriert und die wichtigsten Fragen im neuen Streamingzeitalter aufgegriffen.

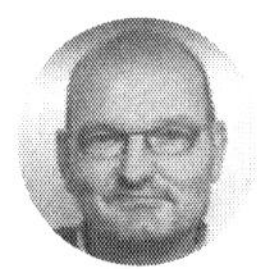

Oliver Schütte arbeitet seit 1986 als Autor und seit 1990 auch als Dramaturg. Für sein erstes Drehbuch *Koan* erhielt er 1988 den Deutschen Drehbuchpreis. 1995 gründete er die Weiterbildungsinstitution Master School Drehbuch, die er bis Ende 2008 leitete. Im Jahr 1995 begann auch seine umfangreiche Lehrtätigkeit im In- und Ausland. 2013 gründete er die Filmproduktion tellfilm Deutschland mit Sitz in Berlin. Heute arbeitet Oliver Schütte als Spezialist für das Geschichtenerzählen, als Dramaturg und Dozent an internationalen Filmhochschulen sowie als Publizist und Produzent. Er ist Gründungsmitglied der Deutschen Filmakademie.

https://www.halem-verlag.de/produkt/schau-mir-in-die-augen-kleines/

HERBERT VON HALEM VERLAG

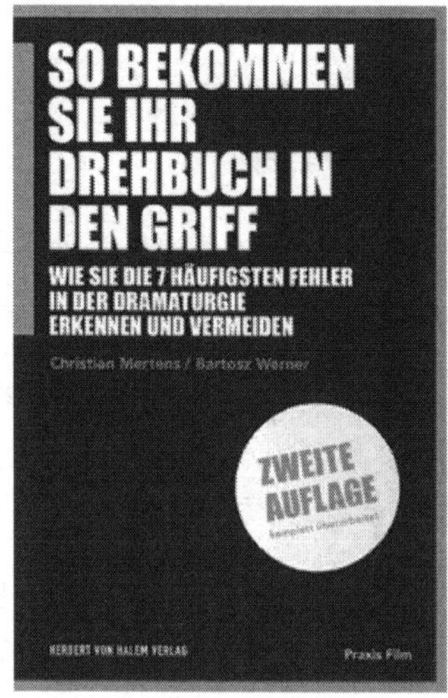

Christian Mertens / Bartosz Werner

So bekommen Sie Ihr Drehbuch in den Griff. Wie Sie die 7 häufigsten Fehler in der Dramaturgie erkennen und vermeiden

Praxis Film, 94
2022, 2., komplett überarbeitete Auflage,
248 S., 37 Abb., Broschur, 185 x 120 mm, dt.
ISBN (Print) 978-3-7445-2057-7 | 26,00 EUR
ISBN (PDF) 978-3-7445-2058-4 | 22,99 EUR

Drehbuchschreiben aus der Praxis: In dieser 2. Auflage zeigen die Regisseure und Autoren Christian Mertens und Bartosz Werner konkrete dramaturgische Tools, mit deren Hilfe die Entwicklung eines Drehbuchs dem gewünschten Erzählziel näherkommt. In dieser vollständig überarbeiteten Neuauflage werden anhand populärer Filme und Serien neue Erzählelemente wie z.B. »die Kraft der Außenseiter«, »die Sogwirkung von Kausalität« und »die Entwicklung von Figuren in einem System« vorgestellt und für die Praxis anwendbar vermittelt. Die Regiesichtweise der beiden Autoren und der Abgleich mit modernen Dramaturgietheorien helfen, dass aus einem dann stimmigen Drehbuch auch ein stimmiger Film werden kann.

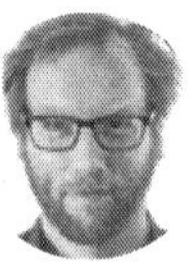

Christian Mertens ist Regisseur von Dokumentarfilmen, TV- und Kinowerbung sowie Musikvideos. Er ist Dozent für Regie und Dramaturgie an der Fachhochschule Kiel und seit 2018 Leiter des »Drehbuchpreis Schleswig-Holstein«.

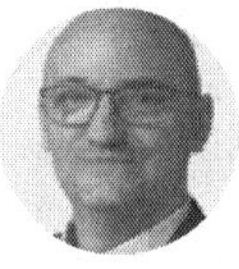

Bartosz Werner ist Filmregisseur, Drehbuchautor und Script Consultant. Seit 2021 ist er Creative Director bei concludis GmbH.

http://www.halem-verlag.de/produkt/so-bekommen-sie-ihr-drehbuch-in-den-griff/